정책연구시리즈 2022-14

공공조달의 전략적 이용에 관한 연구

이화령 · 황순주

정책연구시리즈 **2022-14**

공공조달의 전략적 이용에 관한 연구

저 자

이화령 | 한국개발연구원 연구위원
황순주 | 한국개발연구원 연구위원

연구지원

권수연 | 한국개발연구원 전문연구원
방예나 | 한국개발연구원 연구원

발간사

공공조달은 정부가 물품이나 서비스를 구매하는 과정을 의미하며, 그 규모와 영향력은 국가경제 전반에 걸쳐 매우 크게 형성되어 있다. 조달의 기본적인 목적은 필요한 자원을 확보하는 것이며, 공공 예산의 효율적 사용이 그 핵심이라고 할 수 있다.

그러나 오늘날 공공조달은 단순한 구매 수단을 넘어, 사회적 가치를 실현하기 위한 정부의 정책 수단으로 적극 활용되고 있다. 시장실패가 존재하고 정부 개입의 정당성이 확보되는 상황에서, 공공조달은 불리한 위치에 있는 중소기업이나 사회적 약자를 지원하고, 환경 보호, 지역균형발전, 연구개발 및 혁신 촉진 등 다양한 공익적 목적을 실현하는 데 중요한 역할을 수행할 수 있다.

이미 전 세계적으로 이러한 전략적 공공조달 사례들이 확산되고 있으며, 우리나라 역시 이 같은 흐름에서 예외가 아니다. 어차피 필수적으로 발생하는 조달 지출을 통해 정책적 목표까지 달성할 수 있다면, 이는 정부 입장에서 규제나 보조금보다 효율적인 정책 수단이 될 수 있다.

하지만 이러한 전략적 조달이 정말로 추가 비용 없이 부가적인 가치를 창출하는지는 면밀히 검토되어야 한다. 특정 기업이나 제품에 대한 우대가 경쟁을 저해하고, 비효율을 초래하며, 궁극적으로 조달 비용의 증가로 이어질 수 있기 때문이다. 그럼에도 불구하고 전략적 조달이 가져오는 편익과 비용에 대한 실증적 분석은 아직 충분하지 않은 실정이다.

본 보고서는 이러한 문제의식에서 출발하여, 전략적 공공조달 - 특히 구매목표비율제도와 같이 특정 기업이나 제품에 우대 조건을 부여하는 조달 방식 - 의 실제 효과를 실증적으로 분석하였다. 또한 혁신조달, 사회적 조달 등 다양한 전략적 조달의 현황과 그에 대한 경험적 근거를 함께 제시함으로써, 정책 설계에 실질적 통찰을 제공하고자 하였다. 공공조달이 단지 예산 집행의 수단을 넘어, 사회적 가치를 창출하는 도구로 자리잡아 가는 오늘날, 본 연구가 의미 있는 기초자료가 되기를 기대한다.

저자들은 본 연구를 기획하는 단계부터 마무리하는 단계까지 귀중한 조언을 아끼지 않은 본원의 연구위원들과 본 연구에서 이용된 통계자료를 구축하고 정리하는 데 큰 도움을 준 권수연 전문연구원, 방예나 연구원에게 감사함을 전하고 있다.

마지막으로 본 보고서에 제시된 견해는 집필자 개인의 의견이며, 본원의 공식 견해가 아님을 밝혀 두는 바이다.

2022년 5월

한국개발연구원장

홍 장 표

목 차

◈ 표 목 차

◈ 그 림 목 차

요 약

사회적 약자 배려나 혁신 촉진과 같이 사회적으로 중요한 다른 정책적 목적을 고려하여 공공조달을 설계하는 사례가 전 세계적으로 증가하고 있고, 우리나라에서도 이러한 경향이 강화되고 있다. 본고에서는 공공조달을 부수적 목표를 위해 활용하는 것을 "전략적 공공조달"이라 부르고, 이와 연계된 잠재적 비용과 편익에 주목한다. 특히 구매목표비율제도를 중심으로 특정 기업이나 제품을 우대하는 식의 전략적 조달에 대해 실증적으로 분석하였다. 분석 결과, 혁신을 위한 조달의 경제적 효과성에 대한 근거는 찾을 수 있었으나, 사회적 약자에 대한 조달과 관련하여서는 일관성 있는 결과를 찾기 어려웠다.

제1장

서 론

공공조달(public procurement)이란 공적 영역에서 물품이나 서비스를 구매하는 절차이다. 공공조달이 국가경제에서 차지하는 비율은 상당하다. 정부, 지방자치단체, 공기업, 교육행정기관 등 공공부문이 발주한 조달계약의 총액은 2021년 기준 약 184조원으로 GDP의 8.9%에 달한다(그림 1-1). 공공조달 대상은 우유 급식(물품), 폐기물 처리(용역), 도로 건설(공사) 등 국민생활 전반을 아우른다.

[그림 1-1] 공공조달의 규모: 총액, GDP 대비 %

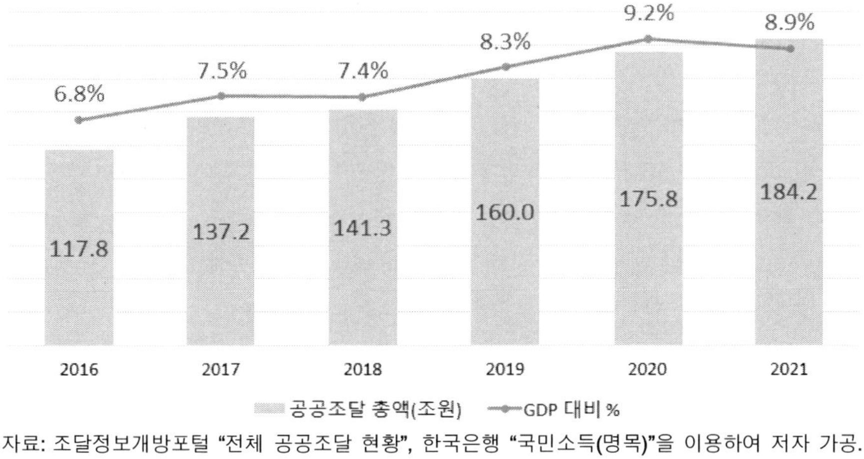

자료: 조달정보개방포털 "전체 공공조달 현황", 한국은행 "국민소득(명목)"을 이용하여 저자 가공.

공공조달의 본래 기능은 정부가 필요한 물품이나 서비스를 조달하는 것이고, 공공조달 정책의 기본 목적은 공적인 자금을 가장 가치 있게 쓰는 것, 즉 “가격 대비 품질(value for money)”을 높이는 데에 있다. 이러한 차원에서 경제적 효율성을 달성하는 것이 공공조달의 핵심적 가치임은 이론의 여지가 없어 보인다.

그러나 공공조달은 “조달”이라는 본래 목적 외에도 다른 부수적인 가치를 추구하기 위해 정부가 이용할 수 있는 강력한 수단이 된다. 구체적으로, 사익보다 공익이 클 때, 불확실성이 클 때, 체계적 차별이 존재할 때 등 시장실패가 존재하고 정부의 개입을 통해 사회적 후생이 증가할 가능성이 있다면 공공조달은 상당히 효과적인 개입 수단이 될 수 있다. 예를 들어 중소기업이나 사회적, 경제적으로 불리한(“disadvantaged”) 계층이 운영하는 사업을 지원하거나, 지역발전이나 환경 보호와 같은 사회적 가치 또는 연구개발과 혁신을 도모하기 위해 공공조달을 활용할 수 있다. 이처럼 사회적으로 중요한 다른 정책적 목적을 고려하여 공공조달을 설계하는 사례가 전 세계적으로 퍼져 있고, 우리나라에서도 이러한 쓰임이 증가하는 추세이다. 어차피 지출해야 할, 상당한 규모의 공공조달을 통해 조달이 아닌 다른 목적까지 동시에 달성할 수 있다면 정부 입장에서는 규제 부담이나 보조금 지급과 연관되는 자금 압박으로부터 자유로울 수 있다는 점도 매력적이라고 할 수 있다.

그러나 추가적 지출이 거의 없이 공공조달을 통해 부수적 목표까지 달성하는 것이 가능한지는 생각해 볼 문제이다. 흔히 특정 기업이나 제품을 우대하거나 특정 조건을 부여하는 방식이 이용되는데, 이 과정에서 경제적 효율성이 저해될 가능성이 높기 때문이다. 즉, 경쟁이 제한되면서 비효율적인 기업이 낙찰자로 선정되고 시장이 왜곡된 결과 조달 비용이 낭비될 수 있다.

사회적 가치 달성을 위한 조달이나 혁신 촉구를 위한 조달 등 전략적 공공조달의 규모가 상당하고 도덕적 해이 등 그 부작용이나 효과성에 대한 논란이 존재하는 데도 불구하고, 그 비용에 대한 연구는 희소한 편이다. 물론 경제적 가치가 아닌 다른 정책적 목표를 위한 수단으로 공공조달이 이용되는 것이므로 효율성의 잣대만으로 판단할 수 없는 것은 명백하다. 그러나 공공조달의 핵심적 가치가 품질 대비 가격을 낮추는 것임을 고려하면 다른 정책적 목표를 위해 공공조달을 이용하는 것이 효율성을 저해하지 않으면서도 부가적 가치를 낼 가능성이 있는지, 효율성을 저해하여 비용이 상승한다면 어느 수준인지를 파악할 필요가 있다.

본고에서는 공공조달을 부수적 목표를 위해 활용하는 것을 "전략적 공공조달"이라 부르고, 이와 연계된 잠재적 비용과 편익에 주목한다. 구체적으로, 구매목표비율제도를 중심으로 특정 기업이나 제품을 우대하는 식의 전략적 조달에 대해 실증적으로 분석하고자 한다. 구매목표비율제도란 수요기관이 조달해야 하는 전체 금액 중 특정 기업이나 제품의 구매 목표액을 정하게 하고, 그 비율이 최소한 어느 수준 이상이 되도록 권고 또는 의무화하는 방식을 의미한다. 이는 전략적 공공조달에서 흔히 발견되는 방식이다. 우리나라의 경우 공공기관이 중소기업, 여성기업, 장애인기업, 사회적기업 등 특정 그룹에 속하는 기업이나 특정한 인증을 획득한 중소기업의 제품에 대한 구매목표를 정하는 식의 제도가 도입된 바 있다. 물품과 용역에 집중하여 구매목표비율이 낙찰률과 입찰 참가자 수에 미치는 영향을 분석한 결과, 기술개발제품에 대한 구매목표비율이 높을수록 낙찰률이 낮고 입찰 참가자 수가 증가하는 관계를 보여 혁신조달에 대해 긍정적이었다. 사회적 약자에 대한 조달은 유의미한 관계를 찾기 어려웠으나, 여성기업의 경우 낙찰률이 높아지거나 입찰 참가자 수가 적어지는 경향이 발견되었다. 이는 실질적으로 소수자가 아닌 일반적 기업에 대한 우대정책은 경제적 효과성 측면에서 부정적일 가능성을 보이는 것으로 판단된다.

본고의 나머지 부분은 다음과 같이 구성되어 있다. 제2장에서는 본고에서 정의하는 "전략적 조달"의 의미와 배경, 현황 등을 정리한다. 제3장에서는 실증적으로 전략적 조달의 비용을 추정하고, 제4장에서는 그 함의를 논의한다.

제2장

전략적 공공조달의 의미와 현황

제1절 전략적 공공조달의 의미

공공조달의 본래 목적은 공공부문에서 필요한 물품과 용역을 조달하는 것이지만, 사회적 가치를 추구하거나 시장실패를 보완하기 위한 정책 수단의 하나로 공공조달을 전략적으로 이용하기도 한다. 공공조달의 기본 원칙은 "국가에 가장 유리한 조건을 제시한 자와 계약", 다시 말하면 "비용 대비 가치(value for money)"를 극대화하는 것으로, 유리한 조건을 구성하는 기본 조건은 낮은 가격과 높은 품질이라 할 수 있다. 이러한 측면에서 가격 또는 효율성 측면을 강조하는 것은 자연스러운 일이다. 그러나 공공조달의 구매력을 통해 그 외의 다른 가치를 동시에 추구하여 "비용 대비 가치"를 높이는 것이 전략적 공공조달의 동기가 된다. 사회적 공공조달(Social Public Procurement), 혁신을 위한 공공조달(Public Procurement for Innovation)은 다른 정책적 목표를 달성하기 위해 공공조달을 전략적으로 이용하는 대표적인 사례라고 할 수 있다. 구체적으로, 조달 시 고용 및 혁신 노력이나 결과 등에 대해 특정 조건을 요구하거나, 조달업체 선정 과정에서 특정 그룹이나 제품을 우대하는 방향으로 가점을 부여하고 입찰 자격을 규정하거나, 이들에게 우선권을 주어 물량을 할당(set aside) 또는 전체 조달 물량 중 목표할당량(percentage goal)을 정하는 등의 운용방식이 흔히 이용된다.

우선, 사회적 공공조달이란 차별의 대상이 되거나 경쟁에 있어 불리한 그룹(즉, 사회적 약자, 사회적 소외 계층)을 배려하는 방식의 조달 정책을 비롯하여 고용 확대나 삶의 질 개선, 환경 보호, 지속가능한 성장 등의 사회적 가치를 지향하는 조달 방식을 의미하는 것으로, 사회적 책임 조달(Socially Responsible Public Procurement)이라고도 불린다. 넓은 의미에서의 사회적 책임 조달은 지속가능성 등 공공성이 강한 투자에 대해 정부가 선도하고 추진력을 제공하는 것을 목표로 한다. 특히 사회적 약자에 대한 적극적 우대정책은 선입견에 기반을 둔 통계적 차별 또는 특정 그룹을 싫어하는 선호에 의한 차별 등의 이유로 사회적 약자가 기울어진 운동장에서 경쟁하는 경우 정부의 개입이 필요하다는 시각을 반영하고 있다.

사회적으로 불이익을 받는("disadvantaged") 소외 계층 또는 사회적약자 기업들이 경쟁력을 제고하고 자생력을 갖추도록 돕는 것은 오랫동안 세계 각국 정부의 관심사가 되어 왔다. 19세기 북미와 유럽에서 특히 고용이나 고용 조건과 연계한 공공조달이 이루어졌고 20세기에 와서는 장애인 고용과 연계하여 사회적 조달이 이용되었으나, 유럽의 경우 경쟁의 원칙이 강조되면서 이러한 방식의 조달이 축소되었다. 제2차 세계대전을 거치며 미국에서는 공공조달에서 인종차별을 방지하고 소수자기업(minority business)을 적극 우대하며 이들에게 조달을 할당하는 방식이 적극적으로 도입되었고, 2000년대에 들어서는 유럽에서도 지속가능성이나 환경 보호와 같은 사회적 가치를 추구하기 위해 공공조달을 이용하는 움직임이 확대되었다.[1]

구체적으로, 미국은 고용과 공공조달을 연결하는 방식(예: 고용을 늘리는 조건으로 공공조달 계약을 수주)에서 출발하여 근래로 오면서 여성, 소수 인종, 장애인 등 사회적 약자(disadvantaged business enterprise: DBE)에 대한 차별을 줄이기 위한 적극적 우대정책(Affirmative Action

---

1 사회적 조달의 배경과 역사와 관련한 보다 자세한 논의는 McCrudden(2004)을 참조하라.

Programs)의 일환으로 공공조달을 이용하고 있다. 예를 들어 중소기업법(Small Business Act)을 통해 매년 연방정부의 조달 중 중소기업에 할당(set aside)하는 목표 비율을 정하고 있고,[2] 유색인종, 미국 원주민 등 사회적 소외 계층이며 경제적 약자에 속하는 이들이 운영하는 기업에 대해서는 특정 조달 건에 한해 단독입찰을 허락하는 식으로 적극적으로 지원하고 있다.[3] 또한 장애인 고용 비영리기관 물품 구매를 의무화하여 장애인 고용을 늘리고자 하는 목적의 장애인단체 생산물품 구매제도(AbilityOne Program)를 운영 중이다.

EU 차원에서는 진입장벽을 제거하고 물품 및 서비스의 자유로운 이동과 투명한 경쟁을 기본 원칙으로 하므로 중소기업을 우대하는 식의 조달 제도에 원칙적으로 반대하고 있으나, 최근 들어 공공조달에 대한 European Directives(2014/24/EU, 2014/25/EU)를 채택하면서 지속가능하고, 혁신적이고, 사회적 또는 환경친화적 공공조달을 촉진하는 정책 방향을 설정하였다. 친환경 제품 구매나 지속가능한 생산과 소비 등 사회적 가치를 추구하는 그린 공공조달(Green Public Procurement)을 권장하고 최근에는 지속가능한 상품 구매, 윤리적 상품 구매 사례를 공유[4]하는 등 사회적 책임 조달을 적극적으로 추진 중이다.

다만, 미국과 유럽의 사회적 조달은 다소 결을 달리하는 측면이 있다. 미국에서는 사회적약자기업에 대해 할당하고 입찰 시 유리한 조건을 제시하는 등의 적극적 우대정책을 '비차별적 대우(equal treatment)'로 이해하는 반면, 유럽연합에서는 '비차별적 대우(equal treatment)'와 '적극적 우대(affirmative action)'를 서로 상반되는 것으로 여겨[5] 할당과 같은 방식이 아니라 낙찰자 선정 과정에서 사회적 가치 측면에 가산점을 주는 방식이

---

2 중소기업법 8(a)항에 특혜를 명시하고 있다(이미정 외, 2021).

3 소규모 기업(Small Business) 23%, 소규모 약자기업(Small Disadvantaged Business) 5%, 소규모 여성기업(Woman-Owned Small Business: WOSB) 5%, HUBZone 내 소규모기업(HUBZone Small Business) 3%, 소규모 퇴역군인기업(Service-Disabled Veteran-Owned Small Business: SDVOSB) 3% 등으로 할당되어 있다(이미정 외, 2021).

4 European Commission, "Making Socially Responsible Public Procurement Work: 71 Good Practice Cases," 2020. 6. 4.

5 Directive 2014/24/EU의 Article 57.

주로 이용된다(Brammer and Walker, 2011; Jehiel and Lamy, 2020). 이 밖에도 호주, 일본 등 전 세계적으로 사회적 약자를 포용하는 정책 수단으로 공공조달이 널리 이용되고 있다.

한편, 혁신을 위한 공공조달(Public Procurement for Innovation)이란 혁신 산업에서 신기술이나 신생기업을 우대하는 방식 또는 표준적인 제품을 구매하더라도 혁신 노력이나 결과를 수주 조건으로 요구하는 방식의 공공조달을 의미한다. 공공조달의 본래 목적에 비추어 보면 이를 통해 공공부문 물품 및 서비스의 수준을 제고할 수 있다는 장점이 있다. 이뿐 아니라, 시장실패로 사회적으로 최적 수준의 혁신에 미치지 못하는 현상에 주목할 필요가 있다. 예컨대 초기 투자자금 유치의 어려움을 해소하고, 네트워크 사업에서 필수적인 초기 수요를 확보하며, 혁신연구 성과의 불확실성으로 인한 위험을 공유하는 등의 취지에서 정부의 개입이 정당화될 수 있다. 혁신조달은 혁신을 주요 목표로 하는 연구개발 보조금 지급, 정책금융 또는 조세 특례, 과학 기술 연구 인프라 건설 등의 직접적, 공급자 측면의 정책과 달리 수요 측면에서 혁신을 이끌어 낸다는 점이 특징적이다.

미국은 중소기업 혁신연구(Small Business Innovation Research: SBIR) 프로그램, 중소기업 기술이전(Small Business Technology Transfer: STTR) 프로그램과 같은 중소기업 지원 프로그램을 운영 중인데, 이는 혁신을 위한 조달 성격을 띤다. 선정된 중소기업에 연구 단계별로 자금을 지원하는데, 정부기관이 공지한 연구과제에 대한 기술개발 가능성과 증명, 시제품(prototype), 상업화(commercialization) 등의 3단계로 나누어진다. 이는 중소기업을 지원하기 위한 사회적 조달의 성격과 혁신을 위한 조달 성격을 함께 띤다고 할 수 있다. 최근 미국 연방정부 차원에서 추진되는 혁신조달제도는 특히 IT 산업에 주목하여 창업 초기 혁신기업을 지원하기 위해 조달 과정을 간소화하는 등의 내용을 담고 있다.[6]

EU 차원에서는 혁신을 위한 조달의 성격을 강화하기 위해 2014년 공

---

6 본 문단의 내용은 이미정 외(2021)에서 소개된 미국 공공조달제도 내용 중 일부를 정리한 것이다.

공조달 directive를 개정(2014/24/EU, 2014/25/3U)하고 2016년 법제화하여 아직 시장에 나오지 않은 신기술에 대한 계약을 가능하게 하였다. EC에서 추진 중인 “Digital Single Market” 전략의 일부로 Public Procurement of Innovative Solutions(PPI)를 도입하여 공공부문이 신기술을 선제적으로 활용(early adopter)하는 역할을 할 것을 촉진하기도 하였다. 유럽 각국에서도 자체적인 혁신을 위한 조달 정책을 시행 중이다.

사회적 공공조달과 혁신을 위한 공공조달은 정책 목표가 동일하지는 않지만, 중소벤처기업과 같은 정책 대상이 겹치는 등의 유사점이 존재한다. 실제 각국의 정책을 보면 사회적 공공조달과 혁신을 위한 공공조달이 혼재되어 추진되기도 하고 그 명칭이 혼용되기도 하는데, 본 연구에서는 이를 총괄하는 의미로 ‘전략적 공공조달’ 또는 ‘공공조달의 전략적 이용’이라 일컫는다. 본고에서는 특히 차별받거나 영리보다 사회적 가치를 추구하는 기업을 우대하는 성격의 사회적 약자 조달과 수요 부문 혁신정책으로서의 혁신조달을 주된 분석의 대상으로 한다.

사회적 약자 조달과 혁신조달의 공통점은 정책 대상 기업이 가져올 수 있는 공익에 비해 (시장수요 부족으로) 사업 초기 자생력, 추진력 또는 경쟁력을 갖추기 어렵다는 것이다. 다만, 그 이유는 서로 다르다. 우선, 사회적약자기업에 대한 조달은 (1) 차별이 존재하는 상황에서 타 기업들과 대등하게 경쟁하기가 어렵다는 점과 (2) 품질은 낮더라도 다른 사회적 가치를 높여 주는 측면이 있다는 질적 요소를 감안한 것이다. 혁신조달의 경우는 기대되는 이익이 크지만 불확실성 또한 매우 크다는 점에 특히 주목할 필요가 있다. 그 결과 사회적으로 최적인 수준보다 더 적은 혁신이 일어나는 상황에서 정부가 구매력을 통한 시장 개입을 시도하는 것이다. 이렇듯 사회적 약자 조달과 혁신조달은 공공조달 구매력을 통해 해소하고자 하는 문제 및 배경에서 차이가 존재하기 때문에 전략적 공공조달의 경제적 효과도 달라질 수 있다. 이와 관련하여서는 본고의 제3장에서 실증적으로 논의하고자 한다.

제2절 전략적 공공조달 현황

국내에서도 공공조달을 전략적으로 이용하는 움직임은 계속되어 왔고 더욱 강화되는 추세이다. 이는 다양한 방식으로 추진되고 있는데, 우선 일반적인 공공조달 경쟁입찰을 진행하되 사회적 가치와 관련한 가점을 주는 방식이 있다. 공공조달 적격심사 세부기준의 신인도 항목에 하도급 업체와의 불공정거래, 고용창출 등의 항목을 포함하고, 지역경제 활성화를 위해 지역업체에 가점을 주기도 한다. 여성기업, 장애인기업, 사회적 기업 등 특정 그룹에 신인도 가점을 주는 사례도 흔히 찾을 수 있다. 가격 요소와 비가격 요소를 종합적으로 고려하고자 2016년에 도입된 종합심사낙찰제는 입찰가격뿐 아니라 시공실적 등 공사수행능력에 더해 고용, 건설안전, 공정거래, 지역경제 기여도 등 사회적 책임 이행 노력을 심사 기준에 포함한다. 2018년 4월 1일 발주물량부터는 사회적 경제 활성화 방안의 일환으로 사회적 책임에 대한 가점을 2배로 상향하기도[7] 하는 등 공공조달의 구매력을 이용하여 사회적 가치를 달성하고자 하는 추세는 강화되어 왔다.

특정 계층·기업형태를 타기팅하여 보다 직접적으로 판로를 보장하는 접근으로는 제한경쟁, 수의계약 등 입찰참가자격을 한정하는 낙찰방식과 특정 계층마다 조달 목표를 설정하고 의무 할당하는 식의 구매목표비율제도가 융합된 우선구매제도가 있다. <표 2-1>은 현재 운영 중인 주요 공공조달 우선구매지원제도를 유형별로 정리한 것이다. 크게 기업의 특성과 연계된 지원, 제품의 특성과 연계된 지원, 그리고 연구개발 활동과 연계된 지원으로 나누어 볼 수 있다. 기업 특성에 따른 지원은 대부분 사회적 약자 및 소외계층을 대상으로 하고 제품 특성 또는 연구개발과 연계된 지원은 혁신을 위한 조달 성격에 가깝다고 할 수 있으나, 그 경계가 명확한 것은 아니다. 예컨대 기술개발제품 우선구매 등과 같은 경우는

---

7 일자리위원회 관계부처 합동, 「사회적경제 활성화 방안」, 2017. 10.

<표 2-1> 공공조달 우선구매지원제도 유형

유형	제도	소관부처
기업 특성	중소기업제품 우선조달 여성기업제품 우선구매 장애인기업제품 우선구매 사회적기업제품 우선구매 창업기업제품 우선구매	중소벤처기업부 중소벤처기업부 보건복지부, 중소벤처기업부 고용노동부, 중소벤처기업부 중소벤처기업부
제품 특성	기술개발제품 우선구매 우수조달물품 지정제도 신제품·신기술 인증제도	중소벤처기업부 조달청 산업통상자원부
연구개발 지원	구매조건부 신제품개발산업 중소기업 기술혁신지원제도	중소벤처기업부 중소벤처기업부

자료: 김유빈 외(2015), p.iii의 표를 최근 정보로 재정리.

중소기업의 기술개발제품을 대상으로 한다는 점에서 사회적 조달과 혁신을 위한 조달의 성격이 섞여 있다고 볼 수 있을 것이다. 아래에서는 이들 우선구매지원제도의 내용과 현황을 보다 구체적으로 살피기로 한다.

우리나라는 「중소기업제품 구매촉진 및 판로지원에 관한 법률」(이하 판로지원법)에 따라 다양한 방식으로 공공조달 시 중소·벤처 기업, 소상공인, 사회적약자기업(여성기업, 장애인기업, 사회적기업)의 수주 기회를 확대하고 혁신형 기업을 지원해 오고 있는데, 이를 총괄하여 '중소기업제품 공공구매제도'라 이른다. <표 2-2>는 중소기업제품 공공구매제도 내용을 정리한 것이다.

<표 2-2> 중소기업제품 공공구매제도 내용

<table>
<tr><td>1. 중소기업자간 경쟁제도</td><td>2. 공사용자재 직접(분리) 구매제도</td><td>3. 중소기업제품 구매목표비율제도</td></tr>
<tr><td>4. 직접생산확인제도</td><td>5. 계약이행능력 심사제도</td><td>6. 중소기업 기술개발제품 우선구매제도</td></tr>
<tr><td>7. 기술개발제품 성능인증 및 성능보험 제도</td><td>8. 공공구매론</td><td>9. 다수공급자 물품계약(MAS)</td></tr>
<tr><td>10. 소액수의계약 대상업체 조합 추천제도</td><td>11. 중소기업자 우선조달제도</td><td>12. 소기업제품 우선구매제도</td></tr>
</table>

자료: 공공구매종합정보 공공구매제도 내용(https://www.smpp.go.kr/cst/smppInf/SelectLawB.do, 접속일: 2022. 3. 15).

구체적으로, 판로지원법에 따른 '중소기업제품 우선구매제도'의 주요 구성 요소는 구매목표비율제도, 중소기업자 및 기술개발제품 우선구매, 중소기업자간 경쟁제도라 할 수 있다. 우선, 공공조달시장에서 중소기업제품, 여성기업제품, 장애인기업제품, 기술개발제품, 창업기업제품의 의무구매 비율을 법으로 정하고 있고, 해마다 구매목표를 포함한 계획과 구매실적을 공개하도록 규정하고 있다.[8] 우선구매제도 대상에 대해서는 일정 조건하에 지명경쟁, 제한경쟁, 수의계약 등이 허용되기도 하는 혜택이 주어진다. 중소기업자간 경쟁제품은 중소벤처기업부 장관이 지정하여 공고('중소기업자간 경쟁제품 및 공사용자재 직접구매 대상품목 지정내역')하게 되어 있으며, 지정 유효기간은 3년이다.

<표 2-3>은 중소기업제품 구매목표비율제도의 의무구매비율을 나타낸 표이다. 기본적으로 중소기업제품, 사회적약자기업[9] 중 여성기업, 장애인기업의 제품, 혁신 촉진을 위한 중소기업 기술개발제품에 대한 의무구매비율이 규정되어 있다. 이를 포함하여 다른 제도를 통해 규정된 의무구매목표와 관련하여서는 부록의 <부표 1>에서 자세히 찾아볼 수 있다.

우선, '중소기업제품 구매목표비율제도'에서는 중소기업제품 구매목표 비율을 (구매 총액 대비) 50% 이상으로 정하고 있다. [그림 2-1]에 따르면 지난 10여 년간 중소기업제품 구매목표가 꾸준히 상승해 2021년에는 구매 목표액이 113조원을 넘어섰는데, 이는 전체 공공구매 목표액의 78%에 해당하는 수치이다. 구매실적도 꾸준히 증가하고 있으며 최근에는

<표 2-3> 중소기업제품 구매목표비율제도 의무구매비율

대상	의무구매비율
중소기업제품	공공기관 구매 총액의 50% 이상
여성기업제품	공공기관 구매 총액의 5%(물품, 용역), 3%(공사) 이상
장애인기업제품	공공기관 구매 총액의 1% 이상
기술개발제품	공공기관 중소기업제품 '물품' 구매 총액의 10% 이상

8 중소기업제품 우선구매제도와 관련한 자세한 설명은 박충렬(2021)에서 찾을 수 있다.

9 사회적약자기업 중 사회적기업에 대한 구매목표제도가 있으나 의무가 아닌 권고사항이다. 이와 관련해서는 뒤에서 보다 자세히 다루기로 한다.

[그림 2-1] 중소기업제품 공공구매 목표와 실적 추이: 2011~21년

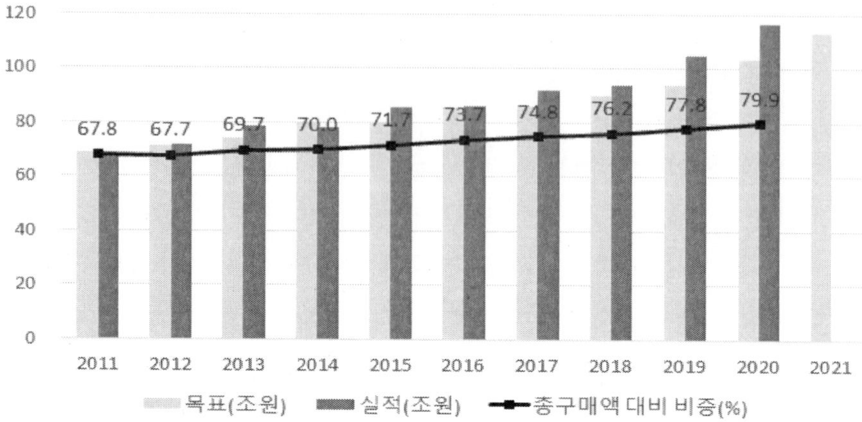

주: 행정기관과 공공기관 총합.

자료: 공공구매종합정보 구매실적정보 - 연도별 중소기업제품 구매목표, 연도별 중소기업제품 구매실적(https://www.smpp.go.kr/pgr/smlpzPgrGoalInformation/selectGovPgrPlanVw.do#, 접속일: 2022. 3. 15).

구매실적이 목표액을 상당히 넘어서는 경향을 볼 수 있다.

여성기업[10]제품에 대해서는 「여성기업지원법률에 관한 법률」으로 물품과 용역 각각의 구매 총액의 5% 이상, 공사 구매 총액의 3% 이상으로 공공기관의 의무구매비율을 규정하고 있다. 2014년 이전까지는 권고로 운영해 왔으나, 이후 할당을 의무화하여 구매실적이 구매목표를 넘어서 증가해 왔다(그림 2-2).

2019년 기준 여성기업의 수는 277만개(전체 기업의 40.2%)[11]인 것으로 나타났는데, 2022년 1월 기준 공공구매종합정보(SMPP) 웹사이트에서는 58,219개의 여성기업 목록이 조회된다. 이는 모든 여성기업이 여성기업인증을 받은 것은 아니기 때문인데, 2021년 여성기업 실태조사에 따르면 여성기업의 61.1%가 인증기업이고 이 중 58.6%가 '여성기업' 인증을 받은

---

10 "여성기업"이란 여성이 소유하고 경영하는 기업으로, 여성대표자가 해당 기업의 의사결정 및 경영활동에 실질적으로 참여(「여성기업지원법률에 관한 법률」 제2조)하는 것을 전제로 한다. 공공구매종합정보(SMPP)에서 신청 후 발급 가능하고, 확인일로부터 3년간 유효하며 재발급이 가능하다.

11 중소벤처기업부, 「여성기업 277만개로 역대 최대 및 생산성 등 경영지표 개선 - 2021년 여성기업 실태조사 결과 발표」, 보도자료, 2022. 3. 14.

[그림 2-2] 여성기업제품 공공구매 목표와 실적 추이: 2011~21년

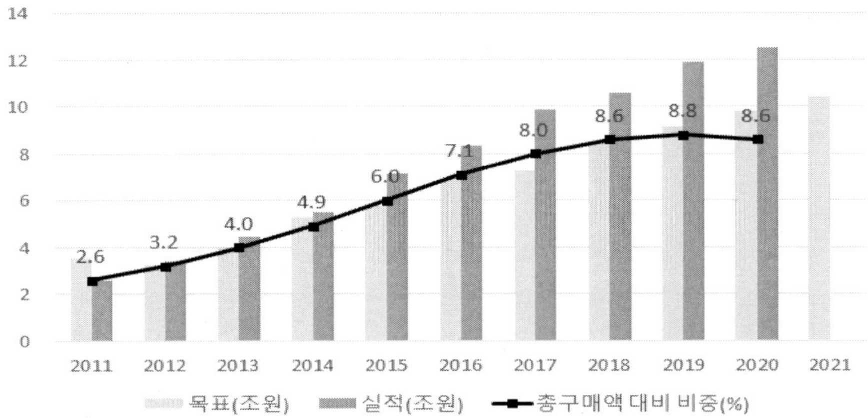

주: 행정기관과 공공기관 총합.
자료: 공공구매종합정보 구매실적정보 - 연도별 중소기업제품 구매목표, 연도별 중소기업제품 구매실적(https://www.smpp.go.kr/pgr/smlpzPgrGoalInformation/selectGovPgrPlanVw.do#, 접속일: 2022. 3. 15).

것으로 나타나, 실태조사 대상 기업의 약 35.8%만이 여성기업으로 인증을 받는 것으로 파악된다. '여성기업' 인증을 받은 기업들은 모두 공공구매종합정보(SMPP)에 여성기업으로 등록되고 공공조달에 있어 우대를 받을 수 있게 된다.

장애인기업[12]제품에 대해서는 「장애인기업활동 촉진법」을 통해 공공기관 구매 계획에 1% 이상을 장애인기업제품으로 할당하고 이를 시행하도록 의무화하고 있다. 2016년까지 총구매액의 0.45%로 권장 구매비율을 설정하였으나, 2017년 이후로는 의무구매비율을 1%로 설정하여 그 비율이 상향되었다. 장애인기업제품 구매 목표와 실적 추이(그림 2-3)를 보면, 의무화 이전부터도 장애인기업제품 구매 목표액과 실구매액은 꾸준히 증가해 오고 있음을 볼 수 있다.

2019년 장애인기업 실태조사에서는 2018년 말 기준 국내 장애인기업

12 "장애인기업"이란 장애인이 실질적으로 소유하거나 경영하는 기업으로서 고용된 상시근로자 중 장애인의 비율("장애인 고용비율")이 30% 이상인 기업(「장애인기업활동 촉진법」 제2조)을 의미한다. 장애인기업 인증은 공공구매종합정보(SMPP)에서 신청 후 발급 가능하고, 확인일로부터 3년간 유효하며 재발급이 가능하다.

[그림 2-3] 장애인기업제품 공공구매 목표와 실적 추이: 2011~21년

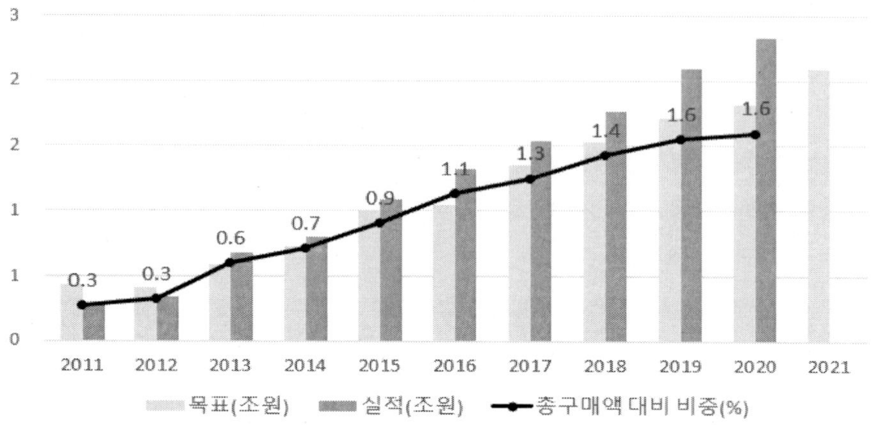

주: 행정기관과 공공기관 총합.

자료: 공공구매종합정보 구매실적정보 – 연도별 중소기업제품 구매목표, 연도별 중소기업제품 구매실적(https://www.smpp.go.kr/pgr/smlpzPgrGoalInformation/selectGovPgrPlanVw.do#, 접속일: 2022. 3. 15).

수를 약 9만 5천여 개인 것으로 파악하고 있는데, 2022년 1월 기준 공공구매종합정보(SMPP) 웹사이트상의 장애인기업 수는 7,141개이다. '장애인기업' 인증에 대한 인지 및 발급 여부를 물어본 결과, 실태조사 대상 기업의 50.8%가 그 존재를 인지하지 못하고 있고, 18.7%만이 인증이 유효한 확인서를 보유(2.5%는 발급받았으나 유효기간 만료)하고 있는 것으로 드러났다. '장애인기업' 인증을 받은 기업들은 공공구매종합정보(SMPP)에 장애인기업으로 등록되어 공공조달 시 관련한 우대를 받을 수 있게 된다.

창업기업[13]에 대한 우선구매제도는 공공기관의 경우 총구매액의 8% 이상을 창업기업에 할당하도록 의무화하고 있다. 이는 2020년 10월에 도입된 신규 제도로, 2021년 공공기관의 총 창업기업 구매 목표액은 10.9조원으로 설정되었다. 이는 여성기업(10.4조원)이나 장애인기업(2.1조원)에

13 "창업"이란 중소기업을 새로 설립하는 것을, "창업자"는 중소기업을 창업하여 사업을 개시한 날로부터 7년이 지나지 않은 자를 의미하며, "창업기업"은 창업자가 경영하는 기업을 의미한다. 창업기업 확인서는 중소벤처기업부 '창업기업확인시스템'에서 신청하여 발급 가능하다.

대한 구매 목표액을 넘어서는 값이다. 다만, '온통조달' 공공조달통계시스템에서 확인할 수 있는 2021년 실제 창업기업제품 구매액은 2.6조원에 불과하다. 조달통계가 나라장터를 통하지 않는 공공기관 구매에 대해서는 모두 포함하지 않고 있을 가능성이 있으므로 실제 공공구매액에 비해 작은 값일 수 있으나, 이를 감안하더라도 목표액에 미치지 못하는 것으로 여겨진다.

다음으로, 혁신을 위한 조달로 분류할 수 있는 기술개발제품 우선구매제도가 있다. 이는 중소기업에서 개발한 기술개발제품에 대한 판로를 제공하여 판매의 어려움을 줄이고 기술개발 유인을 제공하는 취지에서 도입된 것으로, 중소기업 기술개발제품 중 성능인증을 받는 등 관련 법령에 따라 우선구매 대상 기술개발제품으로 지정된 제품에 대해서 의무구매비율을 중소기업물품(공사·용역은 제외) 총구매액의 15%로 지정하고 있다. 2016년 이전까지는 권장 사항이었으나 이후로는 의무화[14]되었고, 2020년 의무구매비율이 10%에서 15%로 상향되었다.

[그림 2-4]는 중소기업 기술개발제품 구매목표와 구매실적 추이를 보여준다. 앞의 그림과 달리, 총구매액 대비 비중은 총 중소기업물품 구매액 대비 기술개발제품 구매액 실적을 의미한다. 2014년까지는 중소기업물품 구매액의 10% 미만이던 기술개발제품 구매액이 기술개발제품 구매 할당이 의무화된 2016년 이후로 유의하게 증가하여 2020년에는 14.7%를 기록하였다. 2021년 기준 중소기업물품 구매 목표액 중 15.9%는 기술개발제품을 구매할 것을 목표로 하고 있다.

우선구매 대상 기술개발제품이 되기 위해서는 기본적으로 기술 인증을 받아야 하는데, 그 종류는 <표 2-4>에서 찾을 수 있다. 우선구매 대상 지정은 일몰제로 운영하고 있는데, 1997년에 10종을 지정한 것을 시작으로 2022년 현재는 13종을 지정하여 운영하고 있다. 2022년부터는 3년마다 우선구매 대상의 혁신성, 타당성을 검토하여 우선구매 대상 기술개발제

14 중소기업제품 구매목표비율제도와 달리 기술개발제품에 대해서는 중소벤처기업부 장관이 요청한 경우에만 의무구매하도록 되어 있으나, 사실상 모든 공공기관에 요청하고 있어 실질적 차이가 없다고 평가된다(박충렬, 2021, p.2).

품을 재선정하는 식으로 단순한 품질 개선 수준이 아닌 기술 혁신성을 높이고자 하고 있다.[15]

대표적인 인증 종류로는, 판로지원법 제15조에 따라 성능검사를 거쳐 제품의 품질이 우수함을 중소벤처기업부가 확인하고 인정하는 성능인증(Excellence Performance Certification: EPC), 「조달사업에 관한 법률」 시행령 제18조에 의거하여 중소기업 및 초기 중견기업 생산 제품 중 평가를 통해 기술 및 품질의 우수성이 인정된 제품을 조달청이 지정하는 우수조달물품 인증, 「저탄소 녹색성장 기본법」 제32조에 따라 에너지・자원의 절약 및 효율적 사용으로 온실가스・오염물질 배출을 최소화하는 기술을 적용한 제품으로 인증하는 녹색기술제품 인증, 「산업기술혁신촉진법」에 따라 최초 개발된 기술을 적용하여 실용화가 완료된 단계인 신제품을 선정하는 신제품(New Excellent Product: NEP)인증과 개발된 신기술을

[그림 2-4] 중소기업 기술개발제품 공공구매 목표와 실적 추이: 2011~21년

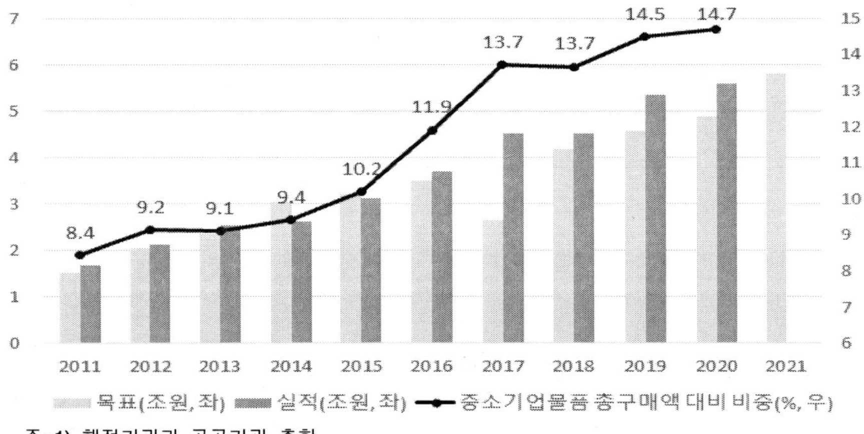

주: 1) 행정기관과 공공기관 총합.
2) 총구매액 대비 비중은 중소기업제품 물품 총구매액 대비 비중을 의미함.

자료: 공공구매종합정보 구매실적정보 - 연도별 중소기업제품 구매목표, 연도별 중소기업제품 구매실적(https://www.smpp.go.kr/pgr/smlpzPgrGoalInformation/selectGovPgrPlanVw.do#, 접속일: 2022. 3. 15).

15 중소기업제품 공공구매 종합정보망(SMPP) 공지사항, '제도관련 / 안내 2022년~2024년 우선구매대상 기술개발제품 신규지정 및 일몰 안내' 첨부파일('22년~'24년 적용 우선구매대상 기술개발제품 지정결과)을 참조하였다.

<표 2-4> 우선구매대상 기술개발제품 지정 현황(2022년)

인증 구분	인증 설명
성능인증(EPC)	중소기업자의 기술개발제품이 일정 성능을 확보하였음을 증명
우수조달물품지정	중소기업 기술개발제품 중 기술·품질이 우수한 제품 지정
신제품인증(NEP)	국내 최초 개발 또는 이에 준하는 대체기술이 적용되어 실용화가 완료된 제품으로, 판매 시작 후 3년이 경과되지 않은 제품
GS인증(SW품질인증제품)	정부가 소프트웨어 품질 보장
신기술인증(NET)	개발된 신기술을 조기 발굴하고 우수성을 인증
우수조달공동상표	5인 이상 중소기업자가 개발·보유한 공동상표물품
물산업 우수제품 등 지정	기술력 검증·평가 결과 성능이 확인된 물기업 우수제품 인증
혁신제품 ((1) 우수연구개발혁신제품; (2) 혁신시제품; (3) 기타혁신제품)	(1) 국가연구개발사업 완료(성공 또는 보통 이상) 기술을 사업화한 제품 중, 기술의 혁신성이 인정되는 제품; (2) 조달청에서 공고한 지정분야에 해당하는 상용화 직전 제품 중 혁신성 평가, 심의를 통해 지정; (3) 기타 혁신성·공공성 인정제품
녹색기술제품	에너지 절약/온실가스·오염물질 배출 최소화 기술이 적용된 제품
산업융합 신제품 적합성인증	기존 인증기준에 부합하지 않거나 기준이 없는 경우 패스트트랙(6개월 이내)으로 지정
산업융합품목	중소·중견기업의 산업융합 성과로 만들어진 품목을 선정
수요처 지정형 기술개발제품	민·관, 대·중소기업, 수탁·위탁기업 간 등 수요와 연계된 기술개발제품 지원(기존 '구매조건부신기술개발', '민관공동투자기술개발', '성과공유기술개발' 명칭 통합)
재난안전제품인증 (2022년 신규)	재난안전기술 이용제품 중 국민생활과 밀접하게 관련된 재난안전제품에 대해 적합성 인증
우수산업디자인(GD)	디자인이 우수한 상품 선정
ICT융합품질인증	중소기업 ICT융합제품 대상으로 제품기능 등이 품질인증기준에 충족되는지 시험평가 등을 통해 인증
중소기업융복합기술개발	기술혁신형 중소기업 등을 대상으로 이종기술 간 융합 연구개발을 통한 신기술·신제품·신시장 창출 지원
공공기관 개발선정품	품질 가격경쟁력이 뛰어난 제품을 선정

주: 회색 표시된 마지막 4개는 2021년까지 지정되었으나 2022년부터 일몰된 인증.

자료: 중소기업제품 공공구매 종합정보망(SMPP)의 기술개발제품 우선구매(https://www.smpp.go.kr/cst/smppInf/SelectMpeB2.do#, 접속일: 2022. 3. 15), 공지사항에 게시된 첨부파일('22년~'24년 적용 우선구매대상 기술개발제품 지정결과), 한국산업기술진흥협회 인증/지정제도(https://www.koita.or.kr/certificate/nep.aspx, 접속일: 2022. 3. 15), 혁신조달 종합포털(https://ppi.g2b.go.kr:8914/ad/pt/prptSystemInfrmtnPage.do, 접속일: 2022. 3. 15) 내용을 참조하여 재구성.

조기에 발굴하여 우수성을 인증하는 신기술(New Excellent Technology: NET)인증 등이 있다.[16]

중소기업 기술개발제품 우선구매제도와는 별도로 '인증신제품(NEP) 의무구매제도'가 시행되고 있다. 해당 제도는 「산업기술혁신촉진법」 시행령 제24조에 따라 공공기관이 구매하고자 하는 품목 중 인증신제품(NEP)이 있는 경우에는 해당 품목 구매금액의 20% 이상을 중소기업 인증신제품으로 구매하도록 정하고 있다. 다만, 해당 품목 구매금액의 20% 이상 의무구매가 규정되어 있으나 이를 미준수하는 경우가 많다는 지적이 존재하는 것이 사실이다.17

[그림 2-5]는 주요 인증별로 기술개발제품 구매액 추이를 보여준다. 전반적으로 최근으로 올수록 기술개발제품 구매액이 증가하는 추세를 확인

[그림 2-5] 우선구매대상 기술개발제품 주요 인증별 공공구매액 추이: 2014~19년

(단위: 조원)

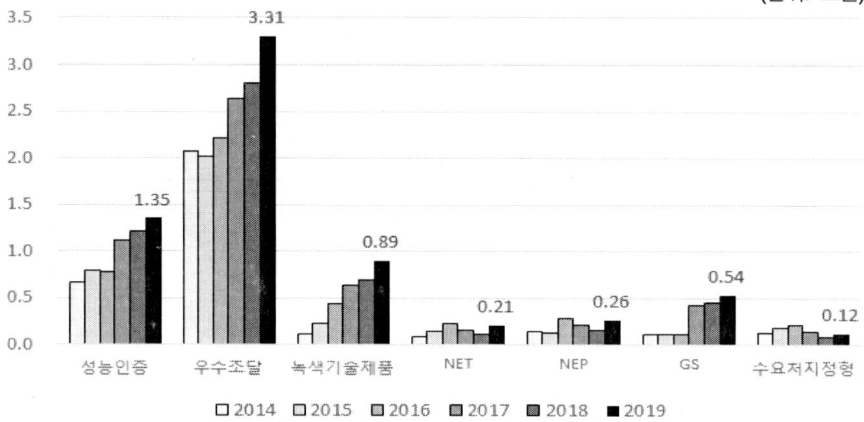

주: 1) 행정기관과 공공기관 총합.
2) '수요처지정형'은 '구매조건부신기술개발', '민관공동투자기술개발', '성과공유기술개발'을 합계한 값.

자료: 공공구매종합정보 기술개발제품별 총금액(https://www.smpp.go.kr/pgr/tdprdPurchsAcmsltRegist/selectPrdPurchsListF.do, 접속일: 2022. 3. 15).

16 NEP와 NET 인증의 주요한 차이는 상용화(판매) 여부이다. 상용화 이전 단계의 기술을 적용한 제품은 신기술(NET) 인증을, 상용화가 완료된 단계의 제품은 신제품(NEP) 인증을 받을 수 있다. 인증은 3년간 유효하며 연장이 가능하다.

17 인증신제품(NEP) 의무구매제도에도 불구하고, 이를 미준수한 공공기관은 2019년 기준 208곳에 달하고 증가하는 추세임(2016년 77개, 2017년 98개, 2018년 150개)이 국정감사에서 지적되기도 하였다(『매일경제』, 「기술기업 울리는 허점투성이 '신제품인증(NEP)' 공공기관 의무구매 20% … 실상은 '나몰라라'」, 2020. 10. 19).

할 수 있다. 2014년에서 2019년 기간 동안 전 연도에 걸쳐 가장 큰 비중을 차지하는 것은 우수조달물품으로, 2019년 기준 전체 기술개발제품 구매액의 60%를 넘어선다. 다음으로 성능인증제품, 녹색기술제품 등이 뒤를 따르고 있다.

우선구매제도 대상 기술개발제품 중 가장 큰 구매액 비중을 차지하는 우수조달물품의 경우, 기술개발제품이 되기 위한 기본적인 인증(표 2-4 참조)에 더해 우수성을 추가로 인정받아야 한다. 조달청의 우수조달물품 지정제도는 1996년에 도입되었는데, 우수조달물품으로 선정되면 구매목표비율제 이외에도 추가적인 혜택이 주어진다. 예를 들어 우수조달물품 시장이 별도로 마련되어 있고, 계약의 편의를 제공하며 해외 진출 등 판로를 지원하는 식이다. 우수조달물품의 지정품목 수와 구매실적은 [그림 2-6]에서 찾을 수 있다. 연간 우수조달물품 지정 횟수는 4~6회이고, 2021년 기준 지정품목 수는 244개이며, 구매액은 2009년 이후 지속적으로 증가해서 2021년에는 4조원가량을 기록하였다.

[그림 2-6] 우수조달물품 공공구매액 추이: 2014~19년

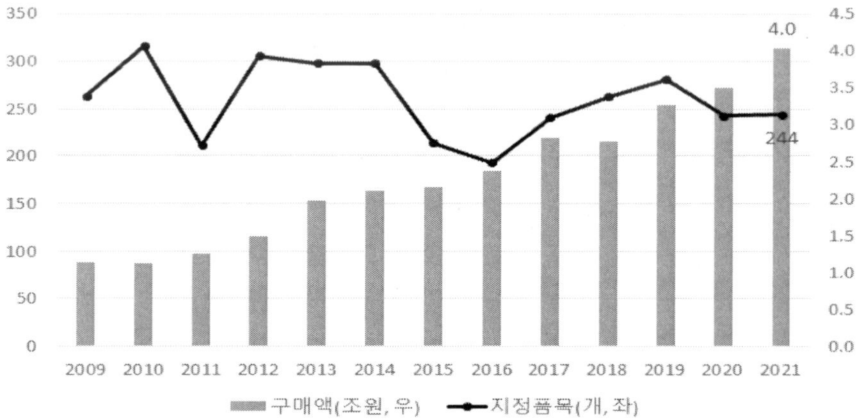

주: [그림 2-5]에서의 우수조달물품 구매액 수치와 미미한 차이가 있으나, 이는 추후 자료 업데이트 과정에서 과거 수치가 조정된 결과로 추정됨.

자료: 2009~19년 자료는 조달청 업무안내 주요정책의 우수제품(https://www.globalkoreamarket.go.kr:8843/kor/jsp/business/main_policy/gp_system.pps, 접속일: 2022. 3. 15), 2017~21년 자료는 조달청 구매사업 주요통계 우수조달물품 현황(https://green.pps.go.kr/kor/content.do?key=00164#none, 접속일: 2022. 3. 15).

성능인증(EPC)제도의 지원대상은 「중소기업기본법」에 따른 중소기업 개발 제품 20종(NET, NEP, 신뢰성인증제품, 특허 및 실용신안 제품, 벤처기업 · 이노비즈기업 제품 등)인데, 성능이 확인 및 증명된 이들 제품은 우선구매지원 대상이 될 수 있고, 국가계약법 등에 따라 공공기관과 수의계약을 체결할 수 있는 자격이 주어진다. <표 2-5>에서 보듯 매년 400건 안팎의 성능인증서가 발급되고, 유효기간은 인증일로부터 3년이며, 1회에 한해 최대 3년까지 연장이 가능하다. 이와 연계된 제도로 성능보험제도가 있다. 성능인증제품을 납품하는 중소기업이 이에 대한 성능보험에 가입하면, 해당 제품에 문제가 생길 경우 납품받은 공공기관의 손해를 배상해 주는 보험 제도이다. 납품 제품의 기술 저하로 인한 피해보상과 이에 대한 구매 담당자의 면책을 보장함으로써 불확실성이 큰 중소기업 기술개발제품에 대한 구매 기피 유인을 줄이는 것이 취지이다. 성능보험 가입제품은 제한 또는 지방 경쟁에서 우선입찰자격이 주어진다.

지금까지 살핀 중소기업 우선구매제도의 구매목표비율제도와 같은 공공기관에 의무적으로 구매 비율을 할당하도록 하는 방식의 우선구매제도 외에도 사회적 가치 도모 또는 혁신을 촉진하기 위해 특정 그룹이나 제품을 우대하거나 구매를 권장하는 방식의 우선구매제도가 존재한다.

우선, 사회적기업제품에 대한 법정 의무구매비율이 규정되어 있는 것은 아니지만 「사회적기업육성법」 제12조에서는 '공공기관은 물품 또는 서비스 구매 시 사회적기업제품의 우선구매를 촉진해야 한다'고 규정하고 있다. 구체적으로, 공공기관은 매년 2월 말일까지 고용노동부 장관에게 구매계획 및 전년도 구매실적을 제출하도록 하고 있다. 법적으로 의무화된 것은 아니지만, 공공기관 평가 시 사회적기업제품 우선구매 실적

<표 2-5> 성능인증 발급 건수: 2015~21년

	2015	2016	2017	2018	2019	2020	2021
발급 건수	439	460	420	416	366	394	438

자료: 중소벤처기업부>주요정책>분야별>성능인증제도(2015~16년 실적: https://mss.go.kr/site/smba/supportPolicy/supportPolicyDetailDiv.do?searchSeq=ST_000000001047362&cmm_code=BB020600, 2017~21년 실적: https://mss.go.kr/site/smba/supportPolicy/supportPolicyDetailDiv.dosearchSeq= ST000000001098888&cmm_code=BB020600, 접속일: 2022. 3. 15).

이 반영된다는 측면에서 우선구매 유인이 존재한다.

이때 '사회적기업'이란 취약 계층에게 사회서비스・일자리를 제공하거나 지역사회에 공헌하는 등 사회적 목적을 추구하는 기업을 의미한다(「사회적기업육성법」 제2조). 사회적기업으로 인증받을 경우 우선구매제도의 혜택을 받을 수 있는데, 인증 유형은 일자리 제공형, 사회서비스 제공형, 혼합형, 기타 창의・혁신형, 지역사회 공헌형 등으로 나누어진다.[18] 인증사회적기업의 수는 2014년 3월 기준 1,165개에서 2021년 12월 기준 3,215개로 증가하였다.[19] 반면, 공공구매종합정보(SMPP)에서 제공하는 사회적기업의 목록은 2022년 1월 7월 기준 513개로, 실제로 공공조달에 참여하고 있는 사회적기업은 인증된 사회적기업 중에서도 일부인 것으로 파악된다.

[그림 2-7]은 인증사회적기업에 대한 구매 목표와 실적 추이를 보여준다. 인증사회적기업 구매 목표와 실적이 꾸준히 증가하여 2020년 실적은 1.6조원에 이르렀다. 이는 공공기관 (물품・용역) 총구매액의 약 2.9%에 해당한다.

앞에서 살펴본 여성기업, 장애인기업과 더불어 사회적기업은 사회적약자기업으로 분류된다. [그림 2-8]은 공공기관의 사회적약자기업 제품 총구매액 중 사회적약자기업 형태별 비중을 연도별로 보여준다. 사회적약자기업 형태별 구성비는 시간에 따라 크게 변화하지 않았는데, 여성기업의 비중이 현저히 높은 비중을 차지하고 사회적기업이 10% 이내로 가장 낮은 비중을 차지하고 있음을 확인할 수 있다.

[그림 2-9]는 조달정보개방포털에서 확인할 수 있는 가장 최근의 자료[20]를 토대로 사회적약자기업에 대한 공공구매액을 조달목적물별로

---

18 사회적기업의 경우 유효기간이 별도로 존재하지는 않는데, 일단 한 번 사회적기업으로 인증된 경우 거의 대부분 인증만료일자가 9999. 12. 31.로 표기되어 있는 것으로 미루어 보아 폐업하지 않는 한 인증이 그대로 유지된다고 간주할 수 있다(한국사회적기업진흥원 문의 결과, 031-697-7721).

19 고용노동부 사회적기업 목록(사회적기업 포털), 한국사회적기업진흥원의 사회적기업 목록(공공데이터포털에서 가용)의 시기별 자료를 참조하였다.

20 조달정보개방포털에서 확인할 수 있는 사회적약자기업 공공구매액은 판로지원법에 따라 공고하고 있는 자료([그림 2-8]에서 이용한 중소벤처기업부 웹사이트에서 연도별로

[그림 2-7] 인증사회적기업제품 공공구매 목표와 실적 추이: 2013~21년

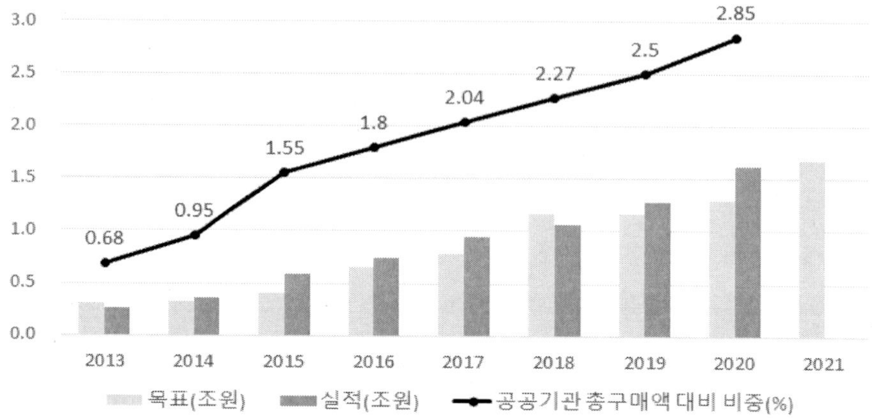

주: 1) 공공기관 총합.
2) 총구매액 대비 비중은 물품+용역만을 포함하여 계산한 값(공사는 제외).

자료: 고용노동부 사전정보 공표목록 '사회적기업 제품 우선구매 실적 및 계획' 2013-21년, e-store36.5(https://www.sepp.or.kr/prior/analysis/majorStatisticsPblcInstt2, 접속일: 2021. 3. 15) 제공 인증사회적기업제품 우선구매 통계 연도별 총괄 자료.

[그림 2-8] 사회적약자기업 형태별 공공구매액 구성비: 2015~20년

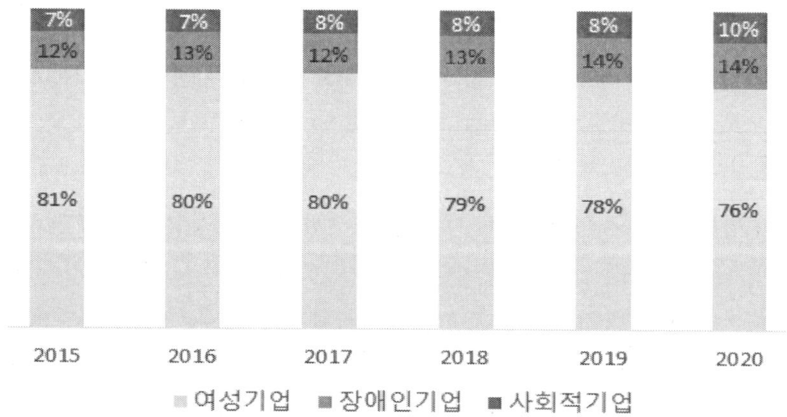

주: 공공기관 총합.

자료: 2015~17년 실적은 중소벤처기업부 웹사이트>알림소식>법령정보>훈령/예규/고시/공고, 2018~20년 실적은 공공구매종합정보 웹사이트>SMPP서비스>알림마당>공지사항.

공고하는 중소기업제품 구매실적 자료나 공공구매종합정보(SMPP)에서 확인할 수 있는 구매실적 자료)에 비해 조금 작은 값이다. 두 자료에 차이가 존재하는 이유는 조달정보 개방포털에서는 나라장터의 이용 내역과 일부 수요기관의 자체 전자조달시스템 자료를 제공받아 공개하고 있기 때문인 것으로 추측된다(강희우, 2019, p.14 참조).

[그림 2-9] 조달목적물별 사회적약자기업 공공구매액(2021년)

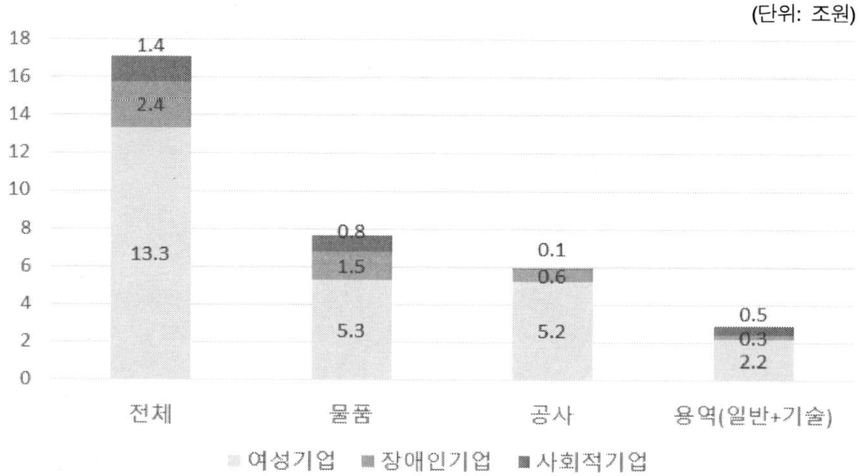

주: 나라장터(중앙조달, 자체조달)를 포함하여 등록시스템 전체에 대해 조회한 값.
자료: 조달정보개방포털(http://data.g2b.go.kr:8275/pt/statdata/moveDminsttSoclWekpersonEntrprsArsltIncdecPop.do, 접속일: 2021. 3. 26).

정리한 결과이다. 2021년 사회적약자기업에 대한 총구매액은 1.4조원이고, 조달목적물별로는 물품 0.8조원, 공사 0.1조원, 용역(일반+기술) 0.5조원으로 물품구매가 가장 많음을 확인할 수 있다. 전체 2021년 공공조달 총구매액에서 조달목적물별 구성비(전체 184.2조원 중 물품 39%, 공사 38%, 용역 23%)에 비해서도 사회적약자기업 구매액에서는 물품의 비중(46%)이 높은 편이다(공사 35%, 용역 19%). 사회적약자기업에 대한 총구매액 중 여성기업에 대한 구매액의 비중은 78%, 장애인기업은 14%. 사회적기업은 7%임을 확인할 수 있다. 장애인기업의 비중이 가장 높은 업무는 물품(20%)이고, 공사에서는 여성기업이 88%의 비중을 차지하며, 물품과 용역만을 본다면 사회적기업의 비중은 11%로 전체에서의 비중에 비해 높다.

이 밖에도 녹색제품 우선구매, 장애인복지시설과 장애인복지단체 생산물품 우선구매 제도, 중증장애인생산품 우선구매 제도, 사회적 협동조합 제품 우선구매 제도 등 공공기관이 특정 그룹에 대한 구매목표비율을 두고 이를 달성하도록 의무화하거나 권장하는 제도가 존재한다(부표 1 참조).

이 경우 구매목표 대비 실적을 공공기관 경영평가에 반영하고 있으며 평가 결과가 공공기관 종사자의 성과급 등에 연계되어 있어 구매목표를 달성할 상당한 유인이 주어진다.

앞에서도 언급하였듯, 구매목표를 두는 방식 외에도 다양한 방식의 우선구매 정책이 이루어지고 있다. 구체적으로, 혁신을 촉진하기 위해 조세지원, 출연지원, 기술지원, 인력지원, 금융지원, 인증지원, 판로지원 등 다양한 형태의 정책이 실시되고 있는데, 이 중 공공 구매력을 통한 우선구매 성격의 판로지원 정책에는 앞에서 설명한 중소기업 기술개발제품 우선구매제도, 인증신제품(NEP) 의무구매제도, 우수제품 지정제도 외에도 구매조건부 신제품개발사업, 기술개발제품 시범구매제도, 혁신시제품 시범구매제도 등이 있다.

구매조건부 신제품개발사업(중소기업 기술개발 정책자금)은 상용화 이전 단계에서 혁신 노력을 촉진하기 위한 것으로, (수요처에서 구매 의사를 밝히거나 개발을 제안하여) 공공수요가 있는 신기술이나 신제품에 대해 기술개발을 위한 비용의 일부를 지원하고 일정 기간의 개발기간과 개발 결과물에 대한 구매기간을 보장하는 식이다. 대기업, 공공기관 등 투자기업으로부터 신제품 개발요청을 받은 중소기업에 개발과제의 기술개발 및 시제품 제작에 필요한 자금을 지원하는 민관 공동투자기술개발은 초기 기술개발 시 직면하게 되는 자금부족과 판로의 불확실성 문제를 동시에 완화하는 효과를 가질 것으로 기대된다.

기술개발제품 시범구매제도는 2018년 4월에 도입된 비교적 새로운 정책으로, 우선구매대상 기술개발제품의 구매를 활성화하면서 조달 경험이 부족한 중소기업이나 창업기업의 초기 판로를 지원하는 데 그 목적이 있다. 전문가 그룹이 공공구매의 구매 의사결정을 대행하여 별도의 평가를 통해 혁신성이 인정된 기술개발제품을 시범구매대상으로 인증하여 공공기관이 해당 제품을 구매하도록 유도하는 것을 내용으로 한다. 이 제도는 공공기관이 기술개발제품을 구매할 시 발생하는 감사 부담을 완화하고 있어, 신제품·신기술 구매와 관련하여 가장 큰 문제가 될 수 있는 품질이나 수요의 불확실성을 어느 정도 해소하는 긍정적 효과를 가질 수

[그림 2-10] 기술개발제품 시범구매제도 현황: 2018~21년

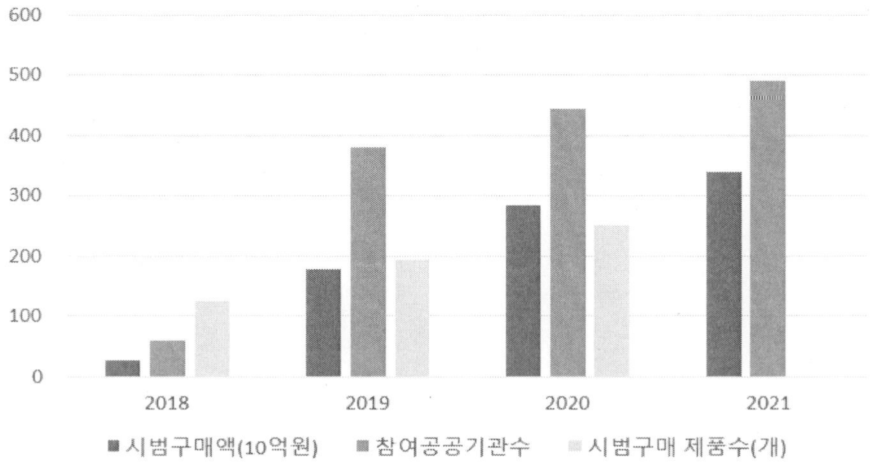

주: 2018~20년은 실적, 2021년은 구매계획/1월 현황.
자료: 시범구매액 - 중소벤처기업부 웹사이트(https://www.mss.go.kr/site/smba/ex/bbs/View.do?cbIdx=86&bcIdx=1024366, 접속일: 2021. 3. 15); 참여공공기관 수 및 시범구매 제품 수 - 대한민국 정책브리핑, 「시범구매제도, 중기제품의 공공조달시장 진출 마중물 역할 톡톡」, 2021. 2. 2.

있을 것으로 기대된다. [그림 2-10]에서 확인할 수 있듯 시범구매 실적은 제도 도입 이래 유의하게 증가해 왔다. 기술개발제품 시범구매 대상으로 선정된 제품 중 공공성 심의를 통해 선별된 제품은 '혁신제품'으로 지정하여 추가적인 판로지원 혜택도 제공하고 있다.

종합하면, 특정한 기업이나 제품을 대상으로 한 우선구매는 공공조달을 전략적으로 이용하는 구체적 정책 수단이 되어 왔고, 이러한 경향은 더욱 강해지는 추세이다. 특히 목표구매비율제도의 경우 사업 초기 자생력이나 수익성을 확보하기 어려운 기업을 우대 대상으로 하는 경우가 많고, 조달규모가 상대적으로 큰 공사보다는 상품이나 서비스 부문에서 많이 활용되고 있다.

제3장

전략적 조달의 비용에 관한 실증분석

본 장에서는 전략적 조달에 대한 기존의 실증분석 문헌에서의 발견을 정리하고 우리나라 공공조달 데이터를 이용하여 전략적 조달의 비용에 관한 실증분석을 진행하고자 한다. 공공조달 시 경제적 효율성 외에 부수적 가치를 고려하는 정책이 만연해졌으나, 해당 정책을 집행하는 데 드는 비용은 관심을 받지 못했고, 저자가 아는 한에서 우리나라의 데이터를 활용한 연구는 이루어지지 않았다.

본고의 제2장에서 살펴보았듯, 우리나라를 비롯하여 전 세계적으로 공공조달 시장에서 사회적 약자의 참여를 높이고자 하는 적극적 우대정책이나 혁신을 촉진하기 위해 신기술·신제품을 인증하고 우대하는 정책을 흔히 찾을 수 있고, 이러한 전략적 조달은 점차 늘어나는 추세이다. 전략적 조달의 구체적 형태로는 특정한 기업이나 제품을 우대하는 형식이 흔히 이용되는데, 의무적 구매목표를 두거나, 낙찰자 선정 시 가산점을 부여하거나, 입찰참가자격을 제한하는 방식이 대표적인 우대 방식이다. 본고의 실증분석에서는 이와 같은 우대정책에 주목하여 공공조달의 비용을 추산해 보고자 한다.

제1절 선행 실증연구 검토

본 절에서는 전략적 조달 비용과 관련한 실증문헌과 더불어 그 효과에 대한 문헌의 분석 결과를 정리하고자 한다.

1. 전략적 조달의 비용

공공조달 시장에서 특정 기업이나 제품을 우대하고자 할 때 일반적으로 이들에 대한 조달을 할당(set-aside)하거나, 이들만으로 입찰을 제한 또는 입찰 시 혜택을 주는 입찰우대(bid preference scheme) 방식을 사용한다. 미국의 경우 할당(set-asides)에 크게 두 가지 형태가 있는데, 하나는 특정한 사업체에 대한 목표 구매 금액이나 비율을 정하거나 일정 부분을 이들 몫으로 두는 것이고, 다른 하나는 원계약자가 전체 조달계약금액의 일정 비율을 (소수자 소유 기업 – minority-owned business – 등) 특정 인증을 받은 사업체에 하청(subcontract)을 주도록 정하는 것이다. 입찰우대(bid preference)는 특정 사업체에 입찰 시 혜택을 주거나, 우대 대상이 아닌 경우 점수 산정에 있어 페널티를 주는 방식이다.[21]

기존 실증문헌에서는 이와 같은 우대방식이 공공조달의 비용 또는 효율성에 미치는 영향, 우대 대상자의 성과에 미치는 영향, 목표로 한 (사회적) 가치를 달성하는지 여부 등이 연구되고 있다. 조달의 효율성(value for money) 외의 다른 목표를 함께 추구하는 경우를 전략적 공공조달이라 할 때, 이러한 정책의 비용이나 효과를 추정하는 연구는 대부분 사회적 공공조달에 집중되어 있다. 예를 들어 여성이나 소수인종이 소유하고 운영하는 기업, 중소기업 등 상대적으로 경쟁의 열위에 있다고 여겨지는 사업체를 특정하여 이들에 대한 할당이나 입찰우대를 하는 방식이 구체

---

21 예를 들어 낙찰자 선정 시 소수인종 소유의 사업체의 경우 투찰금액보다 10% 낮은 금액으로 투찰한 것으로 간주하여 점수를 계산하되, 결국 낙찰받게 될 경우 원래의 투찰금액에 맞추어 계약이 이루어지는 것을 입찰우대(bid preference)의 일종이라 할 수 있다.

적 연구의 대상이 되었다. 그러나 혁신을 위한 조달의 경우에도 그 취지에는 차이가 있으나 부수적(secondary) 목표를 추진한다는 점에 사회적 조달과 공통점이 있고, 그 수단으로 유사한 방식의 우대정책이 흔히 이용된다. 예컨대 특정 기술인증을 받은 제품에 대한 구매목표비율을 설정하는 식이다. 이런 측면에서 특정 기업이나 제품을 우대하는 방식의 전략적 공공조달이라는 측면에서 정책의 효율성에 관한 연구는 사회적 조달뿐 아니라 혁신을 위한 조달에도 시사점을 갖는다고 판단된다.

정부 입장에서 어차피 지출해야 하는 비용으로 조달뿐 아니라 다른 목표도 달성할 수 있다면 매우 효과적이겠지만, 다른 목표를 고려하는 과정에서 공공조달의 효율성이 저해될 가능성도 무시할 수 없다. 만약 효율성 저하로 인한 비용 증가가 지대하다면 이러한 추가 비용을 직접적 지원으로 지출하는 것이 비용 대비 정책 효과성이 오히려 높을 수 있기 때문이다. 이처럼 정책 수립 시 전략적 조달의 비용(또는 부작용)은 반드시 고려해 봐야 할 사항이지만, 이와 관련한 실증문헌이 많지 않고, 특히 우리나라를 대상으로 한 연구는 찾기 어렵다.

이론적으로 말하자면, 할당(set-aside)이나 입찰우대(bid preference) 등의 방법을 통한 전략적 조달이 반드시 조달의 효율성을 해쳐 공공조달의 비용을 늘릴 것이라고 단언할 수 없다. 우선, 특정 제품이나 기업에 대한 우대정책의 결과 입찰에 참여하는 업체의 수가 줄어들고, 특히 효율적 기업의 진입이 저해된다면 결국 비효율적 업체가 낙찰받게 되어 공공조달의 비용이 높아질 것이다. 그러나 만약 기존에 불확실성이나 선호 또는 차별에 의해 원래의 생산성에 비해 과소평가되거나 구매를 꺼리던 제품이나 사업체가 공공조달 시장에 적극 진입하게 된다면 오히려 효율적인 결과로 이어질 수 있다.[22] 우대정책의 결과 공공조달 비용이 증가할

---

22 낙찰자 선정 시 특정 기업에 혜택을 주는 입찰우대(bid preference) 방식의 경우 특정 기업을 우대함으로써 다른 기업들에 가해지는 경쟁압력을 높여 기업들이 더욱 공격적으로 투찰하게 만들 수 있고, 그 결과 오히려 일반적 조달에 비해 조달비용이 더 낮아질 가능성이 있다. 그러나 우대받는 기업의 입장에서는 공격적으로 투찰할 유인이 줄어들기 때문에 이들이 결국 낙찰받게 되는 경우 전반적인 조달 비용은 증가할 수 있다(Mcafee and Mcmillan, 1989). 특정 기업으로 입찰을 제한하는 방식의 경우 전반적인 경

것인지 여부는 효율적 기업의 진입이 위축될 것인지 반대로 활발해질 것인지가 관건일 것이다. 이에 관련 실증문헌은 전략적 공공조달이 낙찰금액 및 낙찰률에 미치는 효과와 더불어 입찰 참여자 수에 미치는 영향도 분석하는 경우가 많다.

이론적 모호성처럼, 우대방식을 통한 전략적 조달의 비용에 대한 실증분석 결과도 명확히 한 방향을 가리키지 않는다. 아래에서는 입찰우대(bid preference)와 할당(set-asides) 등 특정 사업체에 대한 우대방식이 공공조달 비용에 미치는 효과에 대한 기존 실증분석 결과를 정리하여 시사점을 찾고자 한다.

우선, Marion(2007)에서는 캘리포니아 고속도로 공사 조달입찰 데이터를 분석하여 중소기업(Small and Medium Enterprises: SMEs)에 대한 입찰우대 프로그램(bid preference program)이 적용된 입찰건의 낙찰금액이 다른 입찰건에 비해 약 3.8% 높음을 발견하였다. 이는 입찰우대 프로그램이 입찰 참가 결정에 영향을 미쳐 상대적으로 효율적인 대기업들의 참여가 배제되면서 입찰 참가자 풀이 왜곡되고 비효율적 기업이 낙찰받은 결과로 해석된다. Marion(2009)은 캘리포니아주에서 1998년 3월 도입된 California Proposition 209에 따라 주 재정의 조달에 대해 여성이나 흑인 소유 기업에 대한 구매목표비율제도가 폐기되었음에 주목하였다. 여성 또는 흑인 기업에 대한 중립적 공공조달에 따른 조달비용 감소 규모는 약 5.6%로 추정되었다.

반면, 조달에서의 우대 프로그램이 공공조달 비용에 미치는 영향이 거의 없거나 오히려 비용을 낮추는 효과를 가지기도 한다고 보고되기도 한다. 이러한 연구는 주로 비효율적인 기업이 낙찰을 받게 된 결과 조달 비용이 상승할 수 있는 것은 사실이지만, (우대 프로그램 없이는 경쟁력이 낮아 낙찰받을 가능성이 없다고 예상하던) 다른 기업들이 더 공격적으로 입찰에 응하게 하거나 입찰 참여를 꺼리던 기업들을 조달 시장에 끌어들

쟁 저하의 결과 효율성이 저해될 수 있으나 우대받는 기업들 간의 경쟁을 심화한다면 효율성이 오히려 높아질 가능성이 있는데, 구매목표비율제도와 같은 할당의 경우도 마찬가지이다.

여 경쟁이 활성화된 결과 전반적 조달 비용이 감소되는 효과도 있을 수 있음을 지적한다.

예를 들어 Denes(1997)는 1990~91년 연방의 준설작업(dredging services) 조달 자료를 이용하여 소기업만 참여가 가능한 제한경쟁입찰과 다른 입찰의 낙찰금액을 t-검정을 통해 비교한 결과, 제한경쟁 프로젝트와 일반경쟁 프로젝트 간 낙찰금액 차이가 유의하지 않음을 보였다. 이와 관련하여, 저자는 제한경쟁 건에서 입찰 참여자가 더 많음을 지적하며 낙찰 가능성이 높아지자 소기업이 입찰에 적극 참여하는 등 입찰 참여자의 풀이 변화했기 때문일 가능성을 들었다. Nakabayashi(2013)는 일본의 공사계약 공공조달에서 중소기업에 대한 할당(set-asides)이 공공조달 비용에 미치는 효과를 분석하였다. 일본에서는 중소기업에 대한 할당이 약 50% 수준으로 우리나라와 유사한 실정이다. 할당이 없는 상황을 가정한 반사실적(counterfactual) 분석 결과, 약 40%의 중소기업이 조달 시장에서 빠져나가게 되고, 그 결과 경쟁압력이 줄어들어 조달비용이 상승하는 것으로 나타났다. 이 효과는 상당한 크기로, 할당 결과 비효율적 비용구조의 업체가 낙찰받게 되어 조달비용이 상승하는 효과를 상쇄할 수준을 넘어서는 것이다. De Silva *et al.*(2012)은 구조모형을 사용하여 텍사스주의 고속도로 공사 조달에서 구매목표비율(원계약자에게 여성기업을 포함한 소수자 기업 – Disadvantaged Business Enterprises – 에 속하는 소기업에 일정 비율 하청을 주도록 함)이 적용되는 건과 나머지 건을 나누어 비용을 비교한 결과, 프로젝트의 이질성과 입찰 참여를 통제하면 비용 차이가 거의 없음을 보였다. 한편, Saussier and Vidal(2021)은 프랑스 파리의 조달에서 계약 실행 시 특정 카테고리에서 무직자를 일정 비율 이상 고용해야 하는 조건('social clause')을 두는 식으로 사회적 목적을 도입한 정책이 투찰가에 미치는 영향을 분석하였는데, 평균적으로는 조달비용을 높이지 않았으나, 조달 섹터에 따라 그 효과가 다르게 나타났다고 보고하였다. Brannman and Froeb(2000)는 합병, 입찰담합, 소기업에 대한 할당(set-aside) 또는 입찰우대(bid preference)를 통해 특정 입찰 참여자에게 혜택을 주는 프로그램 등 경쟁과 관련한 주요 행태의 가격 효과를 추정하는 실증적 방법론을 제시하고 미국 산림청 목재 조달 입찰 데이터에 적용하였다. 그들은 할당을 없앨 경우 공공조달 비용 감소 효과가 현저하나(조달 수익이 15% 상승), 입찰우대 정책이 공공조달 비용에 미치는 효과는 미미한 것을 발견하였다.

Krasnokutskaya and Seim(2011)은 공공조달에서의 우대 프로그램이 공공조달 비용에 미치는 효과에 대한 판단이 단순하지 않음을 보여준다. 우대 대상인지 여부와 우대의 정도에 따라 낙찰받을 확률이 달라지게 되고, 그 결과 투찰 전략뿐 아니라 입찰 참여 여부도 영향을 받게 되기 때문이다. 해당 논문에서는 캘리포니아 소기업 입찰우대(California Small Business Preference) 프로그램에 주목하였는데, 이는 조달의 25%를 소기업에 할당하는 것을 목표로 하고, 소기업의 투찰액은 5% 할인한 값으로 간주(bid discount)하되 계약 성사 시 원래의 투찰액을 지불하는 것을 내용으로 한다. 입찰우대 프로그램의 효과는 일반경쟁에서 낙찰받지 못했을 비효율적 기업이 낙찰될 가능성(비용 증가); 우대 대상이 아닌 일반기업이 더 공격적으로 투찰할 가능성(비용 감소); 참여의 유인이 변경되어 입찰 참여자 풀이 변화될 가능성(비용효과 불확실) 등 세 채널로 영향을 미치는데, 저자들은 세 번째 채널의 중요성을 강조한다. 구조모형 추정 결과, 실제로 입찰 참가 기업들 간 비용 구조가 크게 차이나는 것이 확인되었다. 또한 반사실적 실험을 통해 입찰 참여자 풀이 그대로일 경우 (비효율적 업체가 낙찰받은 결과로 인한) 투찰금액 상승 효과는 미미한 수준이지만, 입찰 참여자 풀의 변화를 고려할 경우 25% 할당을 맞추기 위해 필요한 투찰액 할인(bid discount)은 (현재의 5%가 아닌) 50% 이상 수준이어야 하고, 그렇다면 조달비용 증가 정도는 현저히 커짐을 보고하였다. 이 경우에는 25% 할당 목표를 달성하기 위해 투찰액 할인보다는 조달시장 참여에 대한 보조금을 지급하는 것이 더 효율적임도 지적하였다.[23]

---

23 Krasnokutskaya and Seim(2011)이 할당 목표를 달성하는 데 있어 더 효과적인 수단이 있을 수 있음을 지적했다면, 미국 산림청(Forest Services)의 목재 조달 데이터를 이용하여 할당(set-asides)과 지원금의 재분배 효과를 비교한 Athey *et al.*(2013)은 할당이 효율성을 훼손하는 효과를 고려할 경우 지원금이 더 효과적이라고 한 바 있다.

2. 전략적 조달의 효과

그렇다면 특정 기업이나 제품에 대한 인증을 제공하거나, 입찰 시 혜택을 주거나, 할당을 하는 등의 우대 프로그램을 통한 전략적 조달이 실제로 의도한 바를 달성하는가? 전략적 조달이 조달시장 참여 기회를 확대함으로써 사회적 가치를 달성하거나, 사회적 약자의 시장 참여와 자생력을 키우거나, 혁신을 이어갈 유인을 제공하는가?

우선, 실제로 특정 사업체를 적극 우대하는 정책은 해당 사업체가 공공조달에 참여하도록 유도하고 공공조달 시장으로의 진출을 돕는 데 효과가 있는 것으로 판단된다. 즉, 우대 대상자로의 분배 효과가 발견되는 것이다. Marion(2011)은 캘리포니아 데이터를 이용하여 연방의 도로건설 프로젝트에서 사회적약자기업(Disadvantaged Business Enterprises: DBEs)에 대한 할당이 이들의 공공시장 참여에 미치는 영향을 살핀 결과, 구매목표비율이 높을수록 사회적약자기업으로 돌아간 계약금액의 비중이 높아짐을 발견하였다. 특히 이러한 효과는 소수인종 소유 기업에 집중된 것으로 나타났다. Blanchflower and Wainwright(2005)는 공공 분야의 공사 프로젝트 조달 시 여성 또는 소수인종이 소유한 기업을 적극 우대하는 프로그램이 폐지[24]된 결과 공사에 대한 공공조달 시장에서 여성 또는 소수인종 기업의 참여가 현저히 줄어들었음을 보고하기도 했다. 예컨대 미네소타주에서 소수자 기업에 대한 할당이 없어진 후 해당 사업체들에 대한 공공조달 계약액이 65만달러에서 10만달러로 감소한 것으로 나타났다. 즉, 공공조달에서 할당을 하는 것은 기존에 공공에서 충분히 소비되지 않던 사업체나 제품에 대한 수요를 높이는 데 기여할 수 있음을 알 수 있다. 이 밖에도 Holzer and Neumark(2000)는 공공조달에서 소수인종 또는 여성 기업에 대한 적극적 우대 프로그램이 이들 기업에 돌아가는

24 사기(fraud)를 막기 위해 우대 대상자들은 공공조달에 참여하기 전에 특정 인증을 받거나 승인을 받도록 하고 있는데, 많은 관할권에서 이처럼 여성 또는 소수인종을 적극 우대하는 프로그램이 헌법을 위배하는 것으로 시험대에 올랐고, 그 결과 해당 프로그램이 축소되거나 폐지되는 등의 변화를 겪었다(Blanchflower and Wainwright, 2005, p.6).

조달 계약을 유의미하게 늘렸음을 보인 초기 연구들을 소개한 바 있다.

할당이나 입찰 참여 시 혜택을 주는 방식의 정책이 우대 대상이 되는 기업의 조달시장 참여를 늘리는 것은 분명해 보이나, 그 결과 이들 기업의 성과, 자생력이 개선되거나 이들의 혁신 노력이 더 증가하였는지에 대해서는 실증 결과가 일관되지 않다. 우선, Chatterji *et al.*(2014)은 1980년대 미국의 많은 도시들이 시차를 두고 정부 조달계약의 일정 비율을 소수자 소유 사업체에 할당하는 프로그램을 도입하였음에 착안하였다. 이중차분법(Difference-in-Differences)과 사건연구방법(event study)을 적용하여 흑인과 백인 남성에 대한 CPS(Current Population Survey) 데이터를 분석한 결과, 이러한 적극적 우대정책의 결과 흑인 남성 고용률이 더 빠르게 증가하였고, 특히 할당의 영향을 많이 받은 산업과 학력 수준이 높은 흑인에게 이러한 영향이 집중되었음을 확인하였다. 다만, 백인에 대비한 흑인의 자영업 생성률은 높아졌으나, 취업률에 있어서는 흑인과 백인 간의 격차가 (기존의 감소 추세를 넘어서) 줄어드는 데에 영향을 미쳤는지 불명확한 것으로 나타났다.

고용 시 적극적 우대정책의 효과를 분석한 Fairlie and Marion(2012)과 비교하여 앞의 연구에서 흥미로운 점은 창업(자영업 생성)에 미치는 효과이다. Chatterji *et al.*(2014)에서 조달에서의 적극적 우대정책이 창업을 늘리는 것을 보인 데 반해, Fairlie and Marion(2012)에서는 고용에서의 적극적 우대정책은 창업의 기회비용[25]을 늘려 창업 유인을 줄이는 것으로 나타난 것이다. 구체적으로, 캘리포니아주와 워싱턴주에서 고용에서의 적극적 우대정책을 폐지하자 전반적으로 소수인종이나 여자들의 자영업이 증가하는 것으로 나타났다. 이러한 결과는 전략적 조달이 사회적 가치를 달성하는 데 직접적 효과가 있더라도 그로 인해 다른 부문에서 구축효과를 가지거나 전반적인 경제 구조를 바꾸는 (의도치 않은) 효과도 가질 수 있음을 시사한다.

한편, 특정 사업체에 대한 우대정책이 공공조달에 대한 의존성을 높이

---

25 고용에서의 적극적 우대정책은 전통적 노동시장에서 고용되어 임금을 받을 기회를 늘리고 임금 수준을 상승시켜 기회비용이 높아지는 효과를 가진다.

고 오히려 자생력을 저해할 가능성도 제기된다. Bates and Williams(1996)는 1987년에 공공조달을 한 기록이 있는 소수자 소유 기업(Minority Business Enterprises)을 1991년까지 추적한 결과, 매출 대비 공공조달 금액이 25%를 넘어 공공조달에 대한 의존도가 높은 기업들은 폐업 확률이 유의하게 높은 것으로 나타났다. 즉, 판로를 다양화하는 기업이 살아남을 확률이 높고, 정부에 대한 의존도가 높은 것은 생존에 좋은 전략이 아님을 알 수 있다. 특히 진입한 지 1년 이내의 창업기업의 경우에는 공공조달에 대한 의존도가 높을수록 시장에서 나갈 확률이 높아지는 정도가 더욱 큰 것으로 나타났다. 저자들은 이들 기업이 공공조달의 적극적 우대 프로그램을 편법적으로 이용하기 위한 목적으로 설립된 명의뿐인 회사(front company)일 가능성을 제시하였다. 즉, 우대의 대상이 아닌 기업과 파트너가 되어 특정 프로젝트에 참여한 이후 프로젝트가 종료되면 시장에서 나간다는 것이다. 다른 측면에서는, 스스로 조달을 만족시킬 능력이 부족한 창업 초기 기업일수록 큰 조달계약이 성사되면 오히려 문제가 발생하고 결국 폐업으로 이어지기 쉽기 때문일 수도 있음을 지적하였다. 즉, 사회적 약자를 우대하는 공공조달은 정부 계약에만 과도하게 의존하는 약한 기업을 나타나게 하고, 사회적 약자인 것으로 속여 부당하게 이익을 얻는 부정행위를 할 유인을 높인다는 부정적인 측면을 갖는다.

기업의 자생력이나 성과를 높이는 목적 외에도, 사회적 가치를 달성하거나 혁신을 촉진하기 위한 방안으로 전략적 조달의 효과성을 살피는 연구도 이루어졌다. 우선, Leiser and Wolter(2017)는 사회적 가치를 달성하기 위한 수단으로 공공조달에서의 우대 프로그램이 효과가 있음을 보였다. 그들은 견습생 훈련 프로그램이 스위스의 교육 시스템에서 매우 중요한 축을 형성하고 있다는 점을 강조하고, 견습생 훈련 프로그램을 제공하는 기업을 우대하는 식의 조달 정책이 도입된 결과 기업의 훈련 프로그램이 증가하는 가운데 프로그램의 품질이 악화되지 않았음을 보였다. 다만, 그 효과의 크기가 제한된 수준이고, 소기업 또는 공공조달이 전체 매출에서 큰 비중을 차지하는 부문의 기업에 대해서만 긍정적 효과를 가진 것으로 나타났다.

공공조달과 혁신의 실증적 관계를 보는 연구는 많지 않은데, 주로 관찰된 시장 데이터를 분석하기보다는 설문조사를 이용하고, 다양한 연구개발 및 혁신 촉진 정책의 하나로 공공조달이 혁신 성과나 노력에 미치는 효과를 추정하거나, 정책조합(policy mix)에 들어가는 요소로 공공조달 정책과 다른 정책의 보완성을 살피는 연구들이 있다. 예를 들어 Guerzoni and Raiteri(2015)는 유럽연합의 회원국, 노르웨이, 스위스의 기업에 대한 설문조사("Strategic Trends in Innovation 2006-2008") 결과를 분석하였는데, 공급 측면의 정책보다는 수요 주도의 공공조달 정책이 혁신에 더 많은 투자를 하도록 하는 데 효과적인 것으로 나타났다.

공공조달이 혁신에 미친 영향에 관한 선행연구는 대부분 유럽 국가들을 대상으로 정기적으로 이루어지는 혁신 관련 설문조사인 CIS (Community Innovation Survey)를 이용한 것이 주를 이룬다. Aschhoff and Sofka(2009)는 독일 기업을 대상으로 2000~02년 혁신활동에 대해 설문조사(CIS의 독일 부문 설문조사 "Mannheim Innovation Panel")한 내용을 분석하여 각종 정책 관련 변수가 혁신의 정도(기업의 관련시장에서 신제품, 신기술의 비율)에 미치는 영향을 추정한 결과, 공공조달 경험과 대학과의 연계(를 통한 지식 전파)가 가장 효과가 있는 것을 발견하였다. 특히 공공조달은 경제적으로 어려운 지역이나 유통 또는 기술 서비스 분야의 규모가 작은 기업에 특히 효과적인 것으로 나타났다. Douglas *et al.*(2017)은 유럽 10개 국가를 대상으로 한 CIS 2012 데이터를 이용하여 혁신 성과에 미치는 공공조달의 직접적, 간접적 효과를 추정하였다. 구체적으로, 혁신 정도에 따라 국가를 세 그룹(Innovation Leaders, Innovation Followers, Moderate Innovators)으로 나누고 혁신을 조건으로 하는 공공조달(직접효과)과 일반적인 공공조달(간접효과)을 구분하여 그 효과를 추정한 결과, 국가 그룹과 무관하게 직접적으로 혁신을 요구하는 공공조달의 효과는 체계적으로 나타나지 않은 반면, 전반적인 공공조달의 효과, 즉 간접적 효과는 강하게 나타났다. Divella and Sterlacchini(2020)는 이탈리아와 노르웨이에 대한 설문조사(각각 CIS 2012, CIS 2014)를 분석하였는데, 대기업에 비해 중소기업들은 자력으로 조달 시장에 진입하기 어려우나, 일단 진입한 이후에는 혁신 성과를 내는 데 차이가 없음을 보였다. 또한 대학이나 공공 연구기관과의 협업이 혁신을 위한 공공조달에 참여하는 것을 촉진하는 데 중요한 역할을 하는 것으로 나타났다. Czarnitzki *et al.* (2018)은 2009년 독일에서 공공조달 체계를 바꾸어 낙찰자 선정 시 선택 기준에 혁신 측면을 고려할 수 있도록 한 변화의 효과를 보았다. 분석 결과, 이러한 제도는 새로운 제품의 등장을 촉진한 것으로 나타났으나, 대부분 완전히 새로운 제품('market novelty')보다는 기존 제품을 개선하는 성격이었다는 점에서 한계가 있음을 발견하였다.

Slavtchev and Wiederhold(2016)는 설문조사 데이터가 아닌 관측 데이터를 이용하였는데, 구체적으로, 1999~2009년 기간 미국의 연방조달 계약에 관한 행정 데이터를 활용했다. 공공수요가 혁신활동에 미치는 영향을 추정한 결과, 공공조달에서 기술제품(high-tech products)의 비중이 높아질수록 민간 기업의 연구개발 지출이 증가한다는 것을 발견하였다. 이러한 결과는 공공조달에서 기술제품에 대한 구매 비중을 높여 판로를 확보해 주면 기업들이 연구개발에 더 많은 노력을 기울여 혁신이 촉진될 가능성을 보여준다.

우리나라의 경우 전술하였듯 전략적 조달의 비용 또는 효율성에 대한 연구는 찾기 어렵다. 전략적 조달의 효과와 관련해서도 선행연구가 많지 않은데, 중소기업을 대상으로 하여 공공조달 실적이 경영성과에 미친 효과를 분석한 연구와, 앞에서 언급한 유럽에서 정기적으로 실시하고 있는 혁신에 대한 설문조사인 CIS와 비견할 수 있는 우리나라의 설문조사인 한국기업혁신조사(Korean Innovation Survey: KIS)[26]를 분석한 연구가 주를 이룬다.

우선, 우리나라 공공조달에서 중소기업을 우대하는 정책의 효과를 분석한 연구들은 대체로 공공조달이 중소기업 성과에 미치는 영향이 긍정적임을 발견하였다. 예를 들어 김유정・김영산(2017)은 일반경쟁 조달과

---

26 과학기술정책연구원(STEPI)에서 2~3년 주기로 설문조사를 주관하고 발표한다. 자세한 내용은 한국기업혁신조사 홈페이지(https://www.stepi.re.kr/kis/service/sub01_info.do, 접속일: 2022. 3. 11)를 참조하라.

‘중소기업간 경쟁’ 조달을 구분하여 조달 참여 경험이 기업의 매출채권에 미치는 영향을 분석하였다. 이는 공공조달 참여 실적이 구체적으로 어떠한 기제를 통해 중소기업에 도움이 될 수 있는지를 미시적으로 연구했다는 의미를 갖는다. 저자들은 2007년에서 2014년까지의 기간 동안 조달청을 통해 국내 공공조달에 참여한 실적이 있는 기업의 자료를 분석하였다. 그 결과, ‘중소기업간 경쟁’ 조달에 참여한 중소기업들은 원활한 대금결제를 통해 매출채권이 줄어들고 단기 자금 압박이 완화되는 긍정적 효과를 발견하였다. 다만, 공공조달 실적이 중소기업의 수익성을 개선하는 효과는 불분명하였다.

이민철·정태현(2018; 2021)은 특히 조달청의 우수조달물품 지정제도에 주목하여 해당 제도의 수혜를 받은 중소기업의 민간매출실적(=전체 매출액－공공조달 매출액) 성장률을 분석하였다. 이민철·정태현(2018)은 2011~16년 기간 동안 조달청 우수조달물품으로 지정된 제품을 생산하는 기업을 대상으로 하여 매출액에서 공공조달액의 비중이 높은, 즉 조달 의존도가 높은 기업일수록 조달 후 2년간의 민간부문 매출 연평균 성장률이 유의하게 높음을 보였다. 그러나 이러한 긍정적 효과는 시간이 지남에 따라 줄어드는 것으로 나타났다. 이는 공공의 인증이 민간시장에 좋은 품질에 대한 신호발송 효과를 가졌기 때문 또는 공공조달에서의 우대가 기업의 자체 경쟁력을 (단기적으로) 높이는 데 기여했기 때문일 것으로 판단된다. 이민철·정태현(2021)은 2006년에서 2017년까지 조달청 우수조달물품 지정제도 수혜기업의 민간매출실적 연평균 성장률을 분석하였는데, 앞의 연구와의 주된 차이점은 기업의 연령에 따른 차이를 보았다는 것이다. 저자들은 공공조달에 대한 의존도가 높은 기업일수록 높은 성장률을 보이는 데 더해, 특히 기업의 연령이 낮을수록 이러한 성장률 상승 효과가 큰 것으로 나타났다. 이는 설립한 지 오래 지나지 않은 젊은 기업일수록 공공조달의 혜택이 클 수 있다는 시사점을 준다.

다음으로, 과학기술정책연구원(STEPI)의 한국기업혁신조사 자료를 활용하여 공공조달이 혁신에 미치는 영향을 분석한 보고서들이 있다. 최종화 외(2014)는 2012년 기술혁신조사(즉, 한국기업혁신조사) 결과를 활용하여 정부의 지원과 혁신활동의 관계에 관한 다양한 분석을 시행하였다. 우선, 표본기업 전체와 혁신기업(벤처 및 이노비즈 기업) 각각에 대해 4대 혁신 성과(제품혁신, 공정혁신, 조직혁신, 마케팅혁신)별로 정부 및 공공부문 구매, 기술개발 조세감면 등 8개 지원제도의 효과가 있었는지 추정한 결과, 정부 및 공공부문 구매지원은 전체 기업의 혁신 성과에는 영향이 없거나 음의 효과를 가지는 것으로 나타났으나 혁신기업의 제품혁신 성과에는 긍정적 영향을 미친 것으로 나타났다. CGE(Computable General Equilibrium) 모형을 사용하여 공공구매 지원이 가지는 거시적 영향도 함께 살폈다. 또한 우수조달물품으로 지정된 제품을 생산하는 기업에 대해 조달 거래 실적 데이터와 한국신용평가 데이터를 연결하여 우수조달물품 지정 또는 조달 실적이 기업의 매출, 연구개발 투자에 미치는 영향 등 추가 분석도 시행하였다. 우수조달물품시장 등록업체 지정 전후 시점을 비교하여 주요 재무지표를 분석한 결과, 공공부문 매출이 매출액 증가율, 순이익 증가율, 재고 회전율에 기여한 것으로 추정되었다. 다만, 인증 전후 매출액 대비 연구개발비의 비중은 약 3.5%에서 약 2.5% 수준으로 대폭 하락하였는데, 저자들은 이를 인증 취득을 위해 연구개발 투자를 늘려 공공구매시장 진입에 성공하면 연구개발비를 낮추어 정상화하는 과정으로 해석하였다. 다르게 보자면, 공공조달이 초기 연구개발의 유인이 될 수 있으나 지속적 혁신의 유인이 되지는 않고 과실을 거두는 데 기업들이 집중하게 된다고도 이해된다.

2014년 한국기업혁신조사에서는 공공구매 제도 이용 현황, 공공조달시장 참여 여부, 그리고 이와 연계하여 공공조달 계약 이행 내역에 혁신활동이 포함되었는지 여부 등을 묻는 조사 문항이 추가되었다. 조가원 외(2015)는 이러한 문항을 활용하여 공공구매 지원과 혁신 성과 간의 관계를 분석한 결과, 혁신활동을 계약조건으로 하는 혁신형 공공구매제도가 제품혁신을 촉진할 수 있음을 보였다. 공공조달 실적이 있는 기업이 매출 증대 효과는 누리지만 연구개발에는 오히려 소홀해지는 도덕적 해이가 일어날 수 있음을 감안하면, 혁신 효과를 내기 위해서는 공공조달 계약 조건에 혁신을 명시하는 '혁신형 공공구매(Pubic Procurement of

Innovation: PPI)'가 전제되어야 한다는 점을 지적한 것이다. 박정호(2020)도 공공조달 계약 이행 내역에 혁신활동이 포함되었는지에 주목하여 혁신 성과에 미치는 영향을 분석하였다. 구체적으로, 2016년과 2018년 한국기업혁신조사 자료를 결합하여 활용하였는데, 혁신활동을 조건으로 하는 공공조달 계약을 맺은 기업이 신제품 도입(기존 제품에 비해 완전히 다른 제품 출시 또는 크게 개선된 제품 출시) 성과가 많았고, 자사 제품 혁신이 아닌 시장 최초 혁신인 경우의 비중이 더 높았다.

제2절 실증분석 개관

본고에서는 전략적 조달의 효율성을 실증적으로 분석해 보고자 한다. 구체적으로, 우선구매제도의 대표적 형태인 구매목표비율제도에 집중하여 해당 제도가 낙찰률에 미치는 효과를 통해 전략적 조달의 비용을 추정한다.

우선, 본 절에서는 구매목표비율이 높아질 때 낙찰률에 어떠한 영향을 미치는지를 보고자 한다. 구매목표비율제도는 우선구매제도 중 대표적인 형태로, 우리나라는 정부 및 공공기관에 대해 중소기업과 사회적약자기업(사회적기업, 여성기업, 장애인기업), 창업기업, 기술개발제품에 대한 목표 구매금액을 밝히게 하고 추후 실적을 확인하며 의무구매비율을 정하고 있다. 관련 선행연구의 결과를 종합해 보면 특정 그룹을 적극적으로 우대하는 우선구매제도가 조달의 효율성에 미치는 효과는 그 결과 경쟁이 촉진되는가, 효율적인 기업의 진입이 증가하였는가에 달려 있다고 할 수 있다. 우선구매 자체가 효율성보다는 다른 가치를 추구하기 위해 시행되는 만큼, 제도가 없었더라면 선택되지 않았을 기업이 조달을 맡게 되어 비효율성이 높아질 수 있다('직접적 비용효과'). 우대 대상이 아닌 다른 효율적인 기업의 참여를 줄인다면 이 또한 비용 상승으로 이어질 수 있다('경쟁저하 효과'). 반면, 차별이나 불확실성의 이유로 충분히 가치를 인정받지 못하던 기업에 기울어진 운동장을 평평하게 해주어 유효한 경쟁자로 참가할 기회를 주거나, 기존에 편안하게 느슨한 경쟁을 즐기던 기업들이 더 공격적으로 경쟁하도록 유인을 제공한다면 효율성이 높아질 수도 있다('경쟁촉진 효과'). 따라서 구매목표비율이 낙찰률에 미치는 효과, 즉 우선구매제도의 효율성 또는 비용에 대한 질문은 실증적인 문제이다. 본고는 한국의 데이터를 활용하여 이에 대한 실증적 증거를 축적하는 데 기여하고자 한다. 저자들의 지식으로는 우리나라의 경우 우선구매제도의 효율성 또는 비용을 추정한 문헌을 찾기 어렵다.

1. 데이터

조달 정보를 얻기 위한 주요 데이터 소스는 조달정보개방포털(https://data.g2b.go.kr)이다. 본고의 실증분석은 입찰건(입찰공고, 프로젝트) 단위에서 이루어지는데, 분석에 이용할 조달 입찰 데이터를 구축하기 위해 물품 및 용역 입찰분류별 투찰업체 내역 정보를 이용한다.[27,28] 특히 (i) 나라장터(G2B), 중앙조달(즉, 자체조달 제외), (ii) 입찰공고차수가 0(즉, 해당 프로젝트에 대한 최초 공고)에 해당되는 입찰건만 분석 대상으로 한다. 분석 대상인 자료기간은 공고게시일자 기준 2016년에서 2020년까지 5년간이다.

원자료가 입찰공고별 투찰업체 단위의 관측치로 구성되어 있어 필요한 정보를 입찰건(입찰분류) 수준으로 집계하여 분석에 활용한다. 그 결과, 입찰건 기준 용역 45,110건,[29] 물품 77,982건이 자료에 포함되었다.[30] 분

---

27 입찰건별 분석에서 공사는 대상에서 제외하였다. 우선구매 정책이 활발히 이용되는 것이 물품과 용역에 대한 분석이고, 공사의 경우 규모나 입찰방식 측면에서 다른 조달대상과 차이가 크다고 판단하였기 때문이다.

28 입찰공고/입찰분류별 투찰업체 내역은 대용량데이터로 일시에 다운로드 받을 수 있으나, 그 경우 투찰업체들의 사업자등록번호와 연계할 수 없어 직접 검색을 통해 기간별로 다운로드 받은 데이터들을 붙이는 방식으로 진행하였다. 직접 검색 데이터가 더 업데이트된 조달 정보를 담고 있어, 대용량데이터 다운로드 시와 비교하면 정보에 미미한 차이가 존재한다.

29 용역은 기술용역, 일반용역으로 나누어지는데, 일반용역만 분석에 포함하였다.

30 원자료에서 공사, 용역, 물품 등의 구분이 잘못된 관측치를 수정하고 입찰공고명 등 세부 정보가 대부분 비어 있는 관측치는 제거하였다. 또한 앞의 각주에서 설명하였듯 대

석 대상 자료는 국내 국가기관(정부부처), 지방자치단체, 공기업, 준정부기관 등 공공기관의 공공조달 계약 내용을 포함한다. 가용한 변수로는 수요기관 이름 및 구분, 입찰공고명, 입찰방식, 낙찰자결정방법, 입찰서 개시 및 마감일자, 예정가격, 긴급공고 여부, 입찰업체명과 기업 구분(대기업/중견기업/중소기업/비영리기업 등 기타) 및 입찰률[31] 등이 있다. 최종 샘플은 2016년부터 2020년까지 입찰건 기준 용역 45,110건, 물품 77,982건(총관측치 수는 123,092건)을 포함한다.

<표 3-1>은 용역과 물품 각각에 대한 요약통계량을 제시한다. 대부분의 경우 낙찰자가 중소기업에 해당하고(용역 78%, 물품 89%), 발주처는 용역의 경우 국가기관과 기타, 물품의 경우 지방자치단체와 기타가 큰 비중을 차지하였다. 이때 '기타'는 기타기관, 준정부기관, 교육기관을 의미하는데, 기타기관은 지방공기업, 지자체 출자출연기관, 기타공공기관, 문화재단 등을 포함하고, 준정부기관은 한국인터넷진흥원, 한국원자력환경공단, 한국장학재단 등을 포함한다. 입찰계약 방법은 용역의 경우 제한경쟁 또는 지명경쟁이 가장 흔하고, 물품의 경우 수의계약이 가장 많이 이용되었다. 낙찰자 결정방법은 용역의 경우에는 협상이, 물품의 경우에는 적격심사가 가장 큰 비중을 차지하였다.

전략적 조달과 관련해서는 입찰계약 방법, 적용 조항, 낙찰자 결정 방법 정보를 토대로 사회적 약자나 중소기업 또는 기술개발제품 등 입찰 과정에서 우대를 받는 계약을 식별하여 적극적 우대 계약 더미변수를 생성하였다. 우선, 사회적 조달과 관련하여, 조달 과정에서 여성기업 또는 장애인기업 간 견적입찰을 통해 수의계약을 체결하거나, 여성기업이나 장애인기업을 추천하는 입찰 계약 방식이 있다. 사회적 약자, 조합, 보훈단체, 유공자를 우대하거나 장애인복지법이나 사회복지특별법에 따라 입찰 계약을 진행하기도 한다. 이처럼 조달 데이터의 입찰계약 방식과

용량데이터 대신 기간을 설정하여 직접 다운로드 받은 자료를 이용하였는데, (조달정보개방포털에서 원자료를 지속적으로 업데이트하는 관리를 하고 있어) 다운로드 시기에 따라 관측치에 미미하게 차이가 난다.

31 본고에서는 입찰건 수준으로 자료를 집계하여 이용하는데, 입찰업체 정보는 주어진 입찰건에서 낙찰받은 업체의 정보를 이용한다.

<표 3-1> 입찰건 특성 요약통계량

변수	구분	용역		물품	
		비중(%)	관측치 수	비중(%)	관측치 수
기업구분 (입찰자)	대기업	2.4	1,068	1.07	837
	중견기업	4,4	1,968	2.35	1,832
	중소기업	78.0	35,164	89.3	69,604
	비영리 등 기타기업	15.3	6,910	7.3	5,709
발주처 구분	공기업	1.0	430	9.5	7,416
	국가기관	47.8	21,567	19.4	15,092
	지방자치단체	11.9	5,375	36.0	28,102
	기타	39.3	17,738	35.1	27,372
입찰계약 방법	수의	31.8	14,363	50.7	39,506
	일반경쟁	15.4	6,933	9.7	7,578
	제한/지명경쟁	52.8	23,814	39.6	30,898
낙찰자 결정 방법	최저가	32.1	14,467	32.0	24,915
	적격심사/종합평가	12.3	5,551	46.1	35,981
	수의/협상/기타	55.6	25,092	22.0	17,086
적극적 우대 계약	사회적조달(=1)	0.2	67	3.2	2,515
	중소기업우대(=1)	21.7	9,800	33.9	26,421
	혁신조달(=1)	-	-	31.0	24,204
조달대상	변수	평균	SD	중간값	관측치 수
용역	추정가격(천만원)	58.4	405.0	17.98	45,110
	공고일수(일)	42.0	556.4	3	45,080
	긴급공고(=1)	0.11	0.31	0	45,110
	공동도급(=1)	0.84	0.36	1	45,110
	낙찰률(=낙찰가/추정가격)	95.5	10.2	99.2	28,019
	입찰자 수	37.1	213.6	2	45,110
물품	추정가격(천만원)	138.3	2,935.6	17.39	77,982
	공고일수(일)	15.9	304.2	3	77,583
	긴급공고(=1)	0.06	0.24	0	77,982
	공동도급(=1)	0.27	0.44	0	77,982
	낙찰률(=낙찰가/추정가격)	94.0	6.9	98.0	76,846
	입찰자 수	34.3	171.1	2	77,982

주: 1) 관측치 단위는 입찰건(프로젝트).
2) 발주처 구분에서 '기타'는 기타기관, 준정부기관, 교육기관을 포함.
자료: 물품 및 용역 입찰분류별 투찰업체 내역 정보(조달정보개방포털)를 저자 가공.

조항호명 변수를 통해 여성기업, 장애인기업, 사회적기업에 대해 우대한 경우 1의 값을 갖는 사회적 조달 더미변수를 만들었다. <표 3-1>에서 볼 수 있듯, 명시적으로 사회적 약자 또는 사회적기업을 우대하는 계약의 비중은 상당히 낮은 편이다(용역의 경우 0.2%, 물품의 경우 3.2%). 입찰 계약 방식과 적용 조항을 기준으로 판로지원법에 따른 중소기업간 경쟁이나 중소기업 추천, 중소기업 지정경쟁, 중소기업 특별지원 등 중소기업에 대한 우대에 해당하는 경우 중소기업 우대 더미변수도 별개로 생성하였다. 중소기업간 경쟁 등 중소기업에 대한 우대 계약은 용역의 경우 약 1/5(21.7%), 물품의 경우 약 1/3(33.9%)을 차지하였다. 마지막으로, 혁신을 위한 조달과 관련하여, 중소기업 기술개발제품에 대한 우선구매(GS, NEP, NET, 성능인증, 조달우수제품)나 적용 조항호명이 각종 인증, 특허/실용신안등록/디자인 등록 제품, 혁신성이 인정된 제품, 시범구매, 우수조달, 우수조달공동상표 등에 대한 것이라면 1의 값을 갖는 혁신조달 더미변수를 만들었다. 이는 물품 조달의 경우만 해당된다. 혁신조달에 해당되는 계약은 물품 조달의 약 31%를 차지하였다.

입찰건의 다른 주요 특성을 살펴보면, 추정가격은 물품 부문이 용역 부문보다 평균적으로 높아 입찰규모가 크다는 것을 알 수 있다. 부문과 무관하게 공고일수의 중간값은 3일인데, 평균값은 용역의 경우 42일, 물품의 경우 16일 수준이었다. 긴급공고의 비율은 용역의 경우 11%, 물품의 경우 6%이고, 공동도급(공동이행)은 용역의 경우 84%, 물품의 경우 27%였다. 협상으로 낙찰자를 정하는 경우에는 낙찰가가 주어지지 않는 경우가 많은데(약 67%), 용역의 경우 협상으로 낙찰자를 결정하는 비중이 크기 때문에 다른 변수에 비해 낙찰률 관측치의 수가 줄어든다. 평균적인 용역 조달 건의 낙찰률은 95.5이고 입찰자 수(공고기간 중 입찰이 이루어진 횟수)는 37.1이며, 평균적인 물품 조달 건의 낙찰률은 94.0이고 입찰자 수는 34.3이다. 낙찰률의 중간값은 용역과 물품 각각 99.2와 98로 왼쪽으로 치우친 분포(skewed to the left)를 보인다. 입찰자 수의 경우 중간값이 2로, 오른쪽으로 치우친 분포(skewed to the right)를 보여 반대의 모습을 띤다.

다음으로, 전략적 조달과 관련하여 앞에서 검토한 기존 실증 문헌에서와 같이 우선구매 목표 자료를 주요 변수로 활용한다. 우선구매 목표 자료를 구축하기 위해 두 가지 데이터 소스를 활용한다.

먼저, 공공기관별 우선구매대상 구매목표에 대한 자료는 중소기업제품 공공구매 종합정보망(SMPP)[32]에서 찾을 수 있다. 해당 웹사이트에서는 '연도별 중소기업제품 구매목표'가 기관별로 나누어져 해마다 제공된다. 해당 자료에서 이용 가능한 변수는 기관 구분, 기관명, 총 구매금액 합계 및 기술개발제품, 여성기업, 장애인기업 각각에 대한 구매금액 합계이다.[33] 2016년부터 2020년까지 990개 기관에 대한 4,085개 관측치가 존재한다. 이 중 약 66% 기관은 5개 연도 모두에 대해 구매목표 자료가 존재한다. 2017년에서 2019년까지의 기간에 대해서는 조달업무(공사, 용역, 물품)별로도 구분된 구매목표 자료가 존재한다. 보다 구체적으로, 조달업무별 구매목표 자료는 895개 기관에 대해 2,478개 관측치가 존재한다. 이 중 약 84%의 기관은 3개 연도 모두에 대해 자료가 가용하다. 분석에 이용될 구매목표비율은 총 (목표)구매금액 대비 각 우대 대상에 대한 (목표)구매금액의 비중으로 계산한다. 기술개발제품의 경우 조달업무상 물품에만 해당되고 목표비율은 중소기업 물품 구매 중 비율을 지정하므로, 기술개발제품의 구매목표비율은 총 중소기업 물품 구매금액에 대비한 기술개발제품 구매액의 비율로 계산한다. 매우 예외적으로 구매목표비율이 1(즉, 100%)을 넘어서는 경우가 있는데, 이 경우는 1로 수정하여 분석에 이용한다. [그림 3-1]에서 (조달 부문 구분 없이) 패널 1에서 패널 3까지는 각각 중소기업, 여성기업, 장애인기업에 대한 구매목표비율의 분포를, 패널 5는 기술개발제품에 대한 구매목표비율의 분포를 보여준다. [그림 3-2]는 데이터가 존재하는 2017~19년에 대해 용역과 물품 조달을 구분하여 구매목표비율의 분포를 보여준다.

---

32 https://www.smpp.go.kr/pgr/smlpzPgrGoalInformation/selectGovPgrPlanVw.do(접속일: 2022. 3. 15).

33 2021년부터는 창업기업에 대한 구매금액도 포함되었으나, 본 연구의 분석범위를 벗어나므로 이용하지 않는다.

[그림 3-1] 우선구매대상에 대한 구매목표비율 분포 - 전체

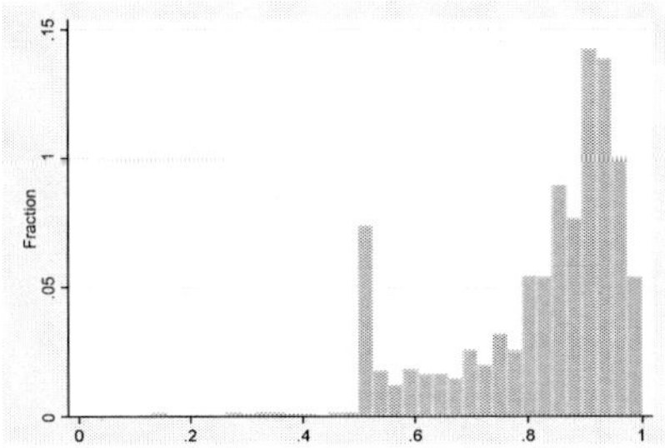

<패널 1> 중소기업

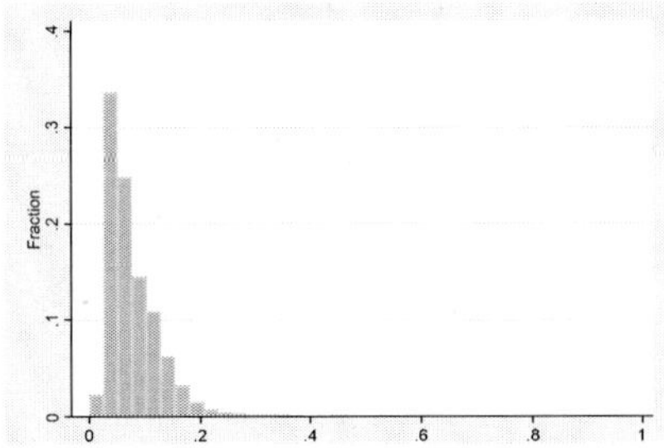

<패널 2> 여성기업

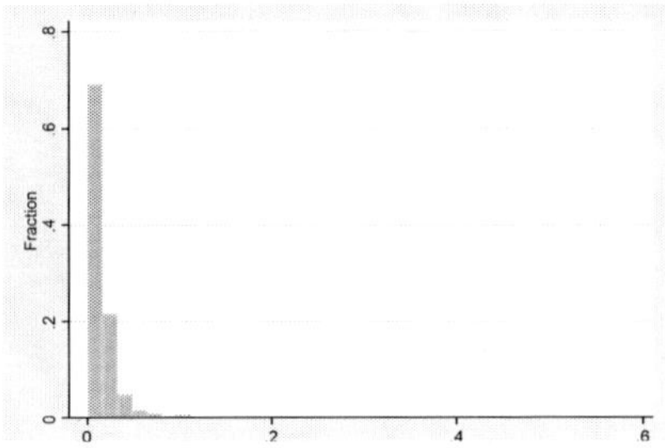

<패널 3> 장애인기업

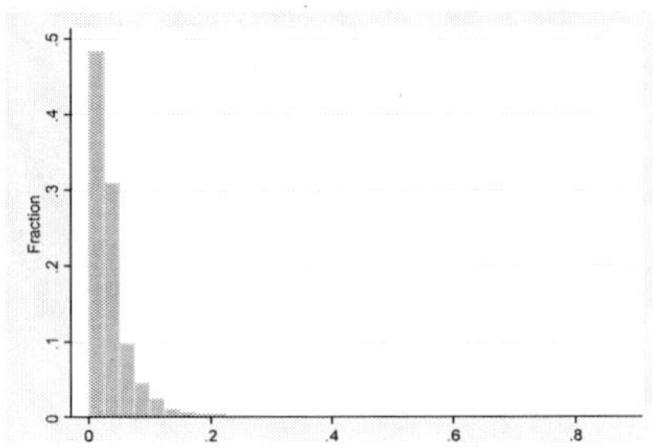

<패널 4> 사회적기업

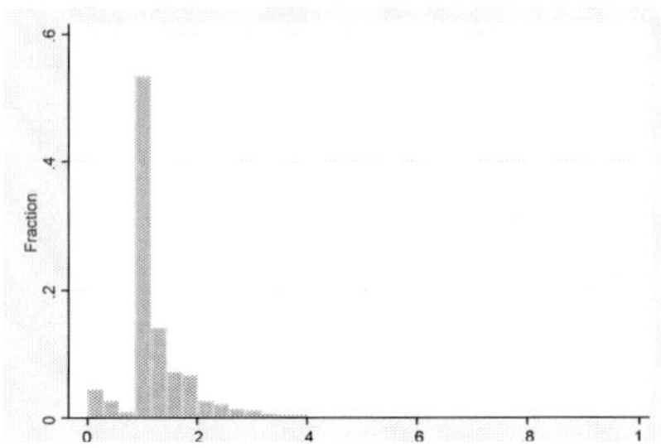

<패널 5> 기술개발제품

주: 조달 전체 구매목표비율(2016~20년), 사회적기업은 용역과 물품에 대해서만, 기술개발제품은 물품에 대해서만 적용됨.

자료: 중소기업, 여성기업, 장애인기업, 기술개발제품에 대한 구매목표비율은 중소기업제품 공공구매 종합정보망(SMPP) 웹사이트에서 다운로드한 '연도별 중소기업제품 구매목표', 사회적기업에 대한 구매목표비율은 e-store 36.5 웹사이트의 공공조달 우선구매 주요 통계 - 기관별 현황.

[그림 3-2] 우선구매대상에 대한 구매목표비율 분포 - 조달 부문별

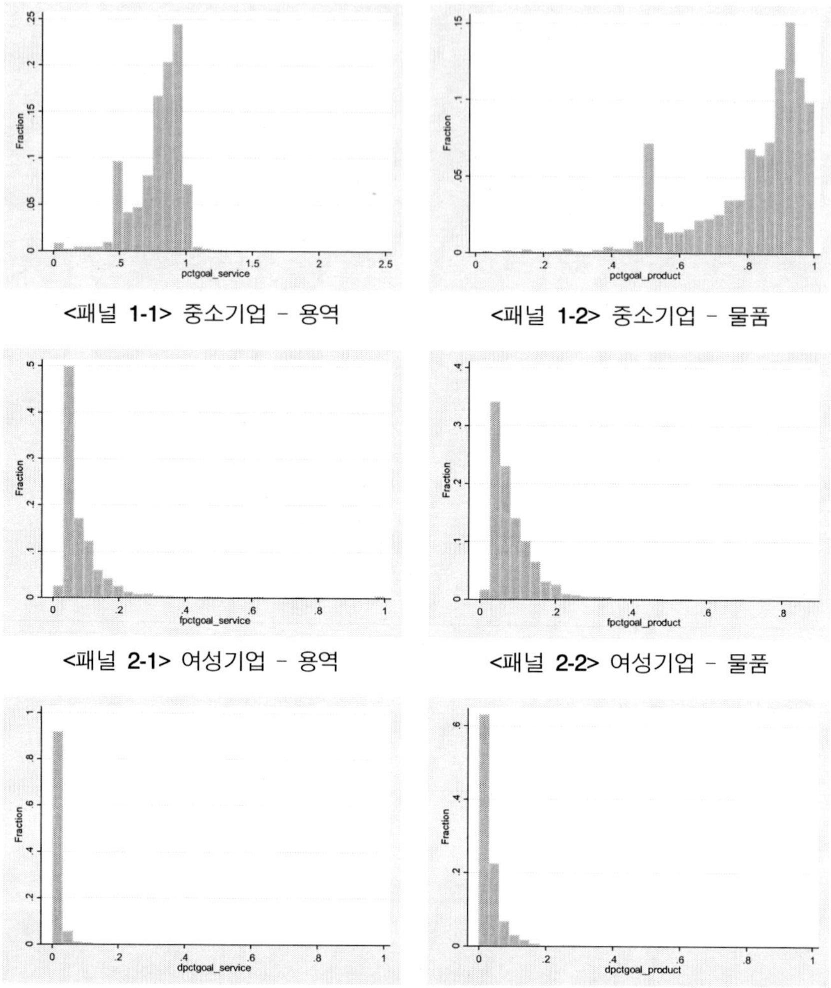

<패널 1-1> 중소기업 - 용역 <패널 1-2> 중소기업 - 물품

<패널 2-1> 여성기업 - 용역 <패널 2-2> 여성기업 - 물품

<패널 3-1> 장애인기업 - 용역 <패널 3-2> 장애인기업 - 물품

주: 조달 부문(용역, 물품)별 구매목표비율(2017~19년).

자료: 중소기업제품 공공구매 종합정보망(SMPP) 웹사이트에서 다운로드한 ‘연도별 중소기업제품 구매목표’.

인증 사회적기업에 대한 구매계획 자료는 e-store 36.5 웹사이트의 공공조달 우선구매 주요 통계, 기관별 현황을 통해 구할 수 있다.[34] 분석을 위해 구매계획 기준으로 2016년부터 2020년 기간의 자료를 구축하였다. 해당 자료는 총 1,095개 기관에 대한 4,311개 관측치를 포함한다. 2017년에서 2019년까지의 기간에 대해서는 조달업무별로도 구매목표비율이 가용하다. 조달업무별 구매목표비율 자료는 946개 기관에 대한 2,372개 관측치가 존재하고, 이들 중 79%의 기관에 대해 3년 모두에 대한 자료가 있다. 가용한 변수로는 기관명, 기관구분, 연도별 실적, 계획 총구매액과 인증 사회적기업제품 구매액 등이 있다. 사회적기업으로 인증받은 기업에 대한 우선구매는 용역과 물품에 대해서만 적용된다는 점을 유의할 필요가 있다. 따라서 해당 자료의 기관별 총구매액은 공사를 제외한 공공조달(용역+물품) 금액을 의미하고, 구매목표비율은 해당 금액 대비 인증사회적기업 구매액의 비율로 계산하였다. 전 기간 자료에서 평균 구매목표비율은 0.036이고 최대 비율은 0.65이다. [그림 3-1]의 패널 4는 사회적기업에 대한 구매목표비율 분포를 보여준다.

마지막으로, 조달 자료에 구매목표비율 자료를 연결하는 작업을 진행하였다. 이를 위해 수요기관명을 통일하여 연도와 수요기관명을 연계 변수로 사용하였다. 그 결과, 조달 자료에서 42.7%의 관측치가 구매목표비율 자료와 매치되었다. 매치되지 않은 자료에 대해서는 이를 제외한 분석과 구매목표비율을 0이라고 처리한 분석을 모두 진행하였다.

2. 전략적 조달의 비용 실증분석

본 실증분석의 목표는 전략적 조달을 위한 구매목표비율 설정이 낙찰가와 입찰 참여에 미치는 영향을 분석하는 것이다. 구매목표비율제의 비용 효과를 추정하기 위한 가장 자연스러운 방식은 낙찰가를 종속변수로 두고 회귀분석을 하는 것이다. 구체적으로, 조달 대상(물품, 용역)에 따라

---

34 https://www.sepp.or.kr/prior/analysis/majorStatisticsEntr2?inqTgtTy=&inqProcessSttusCd=&inqTrgetYear=2012&inqPblinsttSeNm=&inqInsttNm=&itemsPerPage=100(접속일: 2022. 3. 15).

아래와 같은 회귀식을 추정한다.

$$\log 낙찰률_{ijt} = \alpha + \log 목표비율_{jt}\beta + X_{ijt}\gamma + \delta_t + \delta_j + \epsilon_{ijt} \quad (1)$$

이때 $\log 낙찰률_{ijt}$은 기관 j가 t기(연도)에 발주한 프로젝트 i의 낙찰률(=낙찰가/추정가격)의 로그값이고, $\log 목표비율_{jt}$은 각 우선조달 대상에 대해 기관 j가 t기에 목표로 하는 구매목표비율에 1을 더한 후 로그를 취한 값($\log(구매목표비율_{jt}+1)$)들의 벡터이다.

구매목표비율은 조달 대상(공사, 용역, 물품)에 따라 수요기관별, 연도별, 우대 대상별 차이가 존재한다. 구매목표비율에 대한 계수 추정치가 본 분석의 관심 대상이다. 한편으로는, 우대 대상 기업이 비효율적이라도 기본적으로 뽑힐 가능성이 높아지므로 입찰 참여가 늘어나 낙찰률이 올라갈 가능성이 있다('비용 상승 채널'). 반면, 불확실성 때문에 선호되지 않던 작지만 효율적인 기업이 뽑힐 가능성이 높아져 이들의 참가가 증가하고 계약이 성사되면서 오히려 낙찰률이 낮아질 수도 있다('비용 하락 채널'). 여기에서는 조달 부문에 대한 구분 없이 전체 조달의 구매목표비율과 (데이터가 있는 기간에 대해서는) 용역과 물품 각각에 대한 구매목표비율의 영향을 차례로 추정한다.

전략적 조달과 관련하여 구매목표비율에 더해 입찰 계약 시 우대 더미변수들을 포함한 분석도 실시한다. 이들은 대부분 수의계약에 해당하지만 제한경쟁이나 지명경쟁과 같은 방식을 취하기도 한다. 구매목표비율이 낙찰률에 미치는 영향은 직접적인 수의계약을 늘리는 방식으로 나타날 수 있으나, 일반경쟁을 포함한 전반적 조달에서 사회적약자기업이나 혁신기업이 조달에 더 많이 참여하는 효과가 나타날 수도 있다. 조달에 참여하는 사회적약자기업이나 혁신기업이 충분히 경쟁력 있거나 우대받을 것이라 생각하는 일반 기업은 낙찰을 받기 위해 더 공격적으로 입찰에 임할 수 있다. 반면, 경쟁력 없는 기업의 참여가 증가하면 경쟁압력이 줄어들어 일반 기업은 덜 경쟁적으로 행동할 가능성도 있다.

이밖에 낙찰률에 영향을 미칠 수 있는 다양한 요소를 통제한다. 구체적으로, X_{ijt}는 로그 추정가격, 긴급공고 여부, 입찰계약 방법 구분(수의,

일반경쟁, 제한경쟁, 지명경쟁), 낙찰자 결정 방법 구분(수의, 일괄대안기술제안, 적격심사, 종합심사제, 최저가, 협상, 기타) 등 입찰건의 특성과 입찰 기업 형태 카테고리 변수(대기업, 중견기업, 중소기업, 비영리 등 기타)를 포함한다. δ_j와 δ_t는 각각 수요기관 j의 타입(공기업, 교육기관, 국가기관, 기타기관, 준정부기관, 지방자치단체) 고정효과와 t기의 연도 고정효과를 나타낸다. 마지막으로, ϵ_{ijt}는 오차항이다.

추가적으로, 다른 자료와 연결할 수 있는 경우에는 자산규모, 산업분류, 기술개발제품 인증 현황(물품에 한정) 등 낙찰자의 특성을 포함한다. 이때 사용하는 보완적 데이터는 한국기업데이터(KED)와 조달청의 중소기업 우선구매대상 기술개발제품 조달내역 데이터이다. 후자의 경우 자료기간은 2016년부터 2020년까지 5년간이고, 조달 대상인 기술개발품에 대한 자세한 내역 — NET, GS, GS(1등급), 성능인증제품, 우수조달물품, 우수공동상표, 기술혁신지원사업, 녹색기술인증제품, 우수디자인상품 선정제품 등의 여부 — 을 포함한다. 해당 데이터에는 낙찰업체의 사업자등록번호가 포함되어 있어 기업 데이터와 바로 연결이 가능하다. 따라서 이 데이터를 한국기업데이터(KED)와 연결하여 본 데이터의 낙찰자에 대해 해당 시기에 각각의 인증 내역이 발견되었는지를 더미변수로 처리하여 더한다. 한국기업데이터(KED)는 국내에서 가장 넓은 커버리지의 기업 재무와 경영 관련 데이터를 보유하고 있는데, 사업자등록번호를 기준으로 공공조달 데이터와 연계할 수 있다. 해당 데이터에서 낙찰기업의 업력, 자산규모, 부채비율(부채/자산), 대기업집단 소속 여부, 한국표준산업분류 소분류상의 산업별 더미변수를 이용한다.

<표 3-2>는 물품 조달에 대해 구매목표비율이 낙찰률에 미치는 영향을 추정한 결과이다. 물품 조달에 대한 분석을 우선 제시한 이유는 우선구매제도가 가장 널리 이용되는 조달 품목이기 때문이다. 열 (1)은 기본모형이고, 열 (2)는 적극적 우대 계약 더미변수, 즉 전략적 조달이 명시적으로 적용된 계약을 식별하여 통제한 것이다. 열 (3)은 기업 특성과 연결한 결과이다.

단순회귀분석 추정 결과, 사회적 조달의 경우 구매목표비율이 낙찰률

<표 3-2> 구매목표비율이 낙찰률에 미친 영향 추정 결과 - 물품

변수 (단위)		(1) 기본	(2) + 전략적 조달 더미	(3) + 기업특성
로그 추정가격		0.0420***	-0.00578	-0.0298
		(0.0162)	(0.0156)	(0.0190)
로그 구매목표 비율	중소기업	0.224	0.124	0.177
		(0.149)	(0.146)	(0.144)
	여성기업	1.457	0.887	2.806***
		(1.166)	(1.156)	(1.002)
	장애인 기업	-6.580**	-3.483	-4.973
		(3.153)	(3.121)	(3.113)
	사회적 기업	0.0125	-0.231	-0.328
		(0.383)	(0.366)	(0.387)
	기술개발 제품	-2.330***	-2.136***	-1.267***
		(0.412)	(0.405)	(0.450)
적극적 우대 계약 더미	사회적 조달		1.246***	1.485***
			(0.0706)	(0.413)
	중소기업 우대		2.695***	3.260***
			(0.130)	(0.458)
	혁신조달		2.077***	1.985***
			(0.0473)	(0.182)
긴급공고(=1)		1.301***	1.556***	0.986**
		(0.122)	(0.121)	(0.434)
로그 공고일수		-0.338***	-0.270***	-0.0836***
		(0.0236)	(0.0229)	(0.0315)
공동수급(=1)		0.0416	0.389***	0.111
		(0.0991)	(0.0986)	(0.635)
입찰계약 방법 (base: 수의)	일반경쟁	-7.849***	-5.681***	-12.78***
		(0.299)	(0.291)	(1.535)
	제한/지명 경쟁	-7.281***	-7.361***	-12.13***
		(0.298)	(0.295)	(1.443)
낙찰자 결정방법 (base: 최저가)	적격심사/ 종합평가	-1.336***	-2.577***	0.0613
		(0.299)	(0.293)	(1.478)
	수의/협상 등	0.887***	0.488***	-1.146***
		(0.0697)	(0.0721)	(0.189)
관측치의 수		76,447	76,447	18,325
R^2		0.492	0.507	0.651

주: 1) ( ) 안은 강건(robust) 표준오차.
2) ***p<0.01, **p<0.05, *p<0.1.
3) 모든 모형에 연도와 월 더미, 낙찰자 기업 구분, 수요자 기관 구분, 상수항이 포함되었고, 열 (3)에는 기업특성 변수(업력, 로그 자산규모, 부채비율, 대기업집단 소속 여부, 소산업분류 더미, 물품 부문은 각종 인증 내역 더미)가 포함되었음.

에 미치는 영향은 전반적으로 유의하지 않은 것으로 나타났다. 기본 모형(열 (1))에서는 장애인기업에 대한 구매목표비율은 오히려 낙찰률을 낮추는 효과가 있다고 나타나기도 하였다. 다만, 이러한 결과가 사회적 목적을 위한 적극적 우대 계약이 낙찰률을 더 높이는 효과가 없다는 것을 의미하는 것은 아니다. 실제로 적극적 우대가 적용된 계약의 경우에는 낙찰률이 유의하게 증가하는 것을 볼 수 있다. 기업 특성과 연결했을 경우는 샘플이 많이 줄어들어 직접적 비교가 어렵지만, 여성기업에 대한 구매목표비율이 높을수록 낙찰률이 상승하는 관계를 찾을 수 있기도 하다.

한편, 혁신을 위한 조달과 관계된 기술개발제품에 대한 구매목표비율은 낙찰률과 강한 음의 관계를 갖는 것으로 나타났다. 물론 혁신조달이 명시적으로 적용된 계약의 경우에는 낙찰률이 상승하였으나, 전반적으로 경쟁을 촉진하는 효과가 있을 가능성을 보여주는 것이라 해석된다.

나머지 변수들은 예상과 대체로 일치하는 방향으로 추정되었다. 긴급공고인 경우에는 낙찰률이 올라가고, 공고일수가 길수록 (경쟁이 더 많이 유입되어) 낙찰률이 낮아지는 것으로 보인다. 수의계약에 비해서 일반경쟁이나 제한경쟁 및 지명경쟁이 더 낙찰률이 낮고, 최저가 계약에 비해 수의나 협상 등을 통해 낙찰자를 결정할 경우 낙찰률이 더 높았다.

<표 3-3>은 용역 조달에 대한 추정 결과이다. 물품 조달과는 달리 혁신을 위한 조달과 관련한 변수는 포함되지 않았다. 결과에서 특징적인 점은 여성기업에 대한 구매목표비율이 증가할수록 낙찰률은 높아진다는 것이다. 비중으로 볼 때 여성기업이 소수집단이 아니라는 점을 고려하면, 이에 대한 적극적 우대는 효율성을 낮추는 효과가 클 가능성이 있다.

<표 3-4>와 <표 3-5>는 각각 물품과 용역에 대해 부문별 구분이 없는 전체 구매목표비율 대신 조달 부문별 구매목표비율을 이용하여 같은 추정을 반복한 결과이다. 이 경우에는 자료의 가용성 때문에 2017년에서 2019년까지의 기간만 포함된다. 전체 구매목표비율을 이용한 분석과 비교해 보면, 기본적인 시사점은 같지만 일부 차이가 존재한다.

<표 3-3> 구매목표비율이 낙찰률에 미친 영향 추정 결과 - 용역

변수 (단위)		(1) 기본	(2) + 전략적 조달 더미	(3) + 기업특성
로그 추정가격		0.259*** (0.0427)	0.297*** (0.0418)	0.209*** (0.0311)
로그 구매목표 비율	중소기업	-0.428 (0.430)	-0.438 (0.428)	-0.118 (0.485)
	여성기업	6.937*** (1.803)	6.770*** (1.830)	4.912** (2.162)
	장애인 기업	-5.241 (3.879)	-4.851 (3.838)	-6.277 (4.520)
	사회적 기업	-0.524 (1.285)	-0.706 (1.292)	-0.388 (1.424)
적극적 우대 계약 더미	사회적 조달		-0.723 (0.516)	0.834*** (0.309)
	중소기업 우대		0.664*** (0.197)	0.316 (0.283)
긴급공고(=1)		-0.140 (0.145)	-0.102 (0.145)	-0.0110 (0.141)
로그 공고일수		-0.309*** (0.0617)	-0.307*** (0.0619)	-0.515*** (0.0744)
공동수급(=1)		0.121 (0.112)	0.136 (0.111)	0.303*** (0.106)
입찰계약 방법 (base: 수의)	일반경쟁	-18.52*** (1.484)	-18.52*** (1.482)	-10.61*** (0.777)
	제한/지명 경쟁	-17.51*** (1.493)	-17.79*** (1.488)	-9.688*** (0.765)
낙찰자 결정방법 (base: 최저가)	적격심사/ 종합평가	6.889*** (1.477)	6.841*** (1.475)	-0.413 (0.741)
	수의/협상 등	15.06*** (1.512)	14.99*** (1.509)	6.991*** (0.779)
관측치의 수		27,989	27,989	21,093
R^2		0.217	0.217	0.283

주: 1) ( ) 안은 강건(robust) 표준오차.
2) ***p<0.01, **p<0.05, *p<0.1.
3) 모든 모형에 연도와 월 더미, 낙찰자 기업 구분, 수요자 기관 구분, 상수항이 포함되었고, 열 (3)에는 기업특성 변수(업력, 로그 자산규모, 부채비율, 대기업집단 소속 여부, 소산업분류 더미)가 포함되었음.

<표 3-4> 물품 부문 구매목표비율이 낙찰률에 미친 영향 추정 결과

변수 (단위)		(1) 기본	(2) + 전략적 조달 더미	(3) + 기업특성
로그 추정가격		-0.252*** (0.0213)	-0.203*** (0.0205)	-0.0625*** (0.0240)
로그 구매목표 비율	중소기업	0.230 (0.207)	0.218 (0.204)	0.0553 (0.186)
	여성기업	3.215** (1.303)	3.436*** (1.281)	2.738** (1.198)
	장애인 기업	-4.711 (2.982)	-4.655 (2.965)	-1.530 (1.735)
	사회적 기업	-0.143 (0.488)	-0.274 (0.467)	0.110 (0.438)
	기술개발 제품	-2.814*** (0.609)	-2.849*** (0.599)	-1.071* (0.610)
적극적 우대 계약 더미	사회적 조달		0.244** (0.101)	0.575 (0.354)
	중소기업 우대		3.021*** (0.165)	2.828*** (0.481)
	혁신조달		0.762*** (0.0569)	0.759*** (0.234)
긴급공고(=1)		1.365*** (0.179)	1.503*** (0.177)	0.498 (0.673)
로그 공고일수		-0.0323 (0.0290)	-0.0236 (0.0285)	-0.00339 (0.0340)
공동수급(=1)		-0.149 (0.133)	0.0160 (0.133)	-0.704 (0.803)
입찰계약 방법 (base: 수의)	일반경쟁	-8.260*** (0.391)	-6.436*** (0.382)	-9.505*** (1.450)
	제한/지명 경쟁	-7.905*** (0.389)	-8.589*** (0.386)	-8.177*** (1.374)
낙찰자 결정방법 (base: 최저가)	적격심사/ 종합평가	-1.951*** (0.389)	-3.499*** (0.382)	-4.493*** (1.384)
	수의/협상 등	0.312*** (0.0877)	0.0170 (0.0898)	-0.980*** (0.193)
관측치의 수		43,261	43,261	11,021
R^2		0.536	0.545	0.696

주: 1) ( ) 안은 강건(robust) 표준오차.
2) ***$p<0.01$, **$p<0.05$, *$p<0.1$.
3) 모든 모형에 연도와 월 더미, 낙찰자 기업 구분, 수요자 기관 구분, 상수항이 포함되었고, 열 (3)에는 기업특성 변수(업력, 로그 자산규모, 부채비율, 대기업집단 소속 여부, 소산업분류 더미, 물품 부문은 각종 인증 내역 더미)가 포함되었음.

<표 3-5> 용역 부문 구매목표비율이 낙찰률에 미친 영향 추정 결과

변수 (단위)		(1) 기본	(2) + 전략적 조달 더미	(3) + 기업특성
로그 추정가격		0.185** (0.0754)	0.226*** (0.0722)	0.0759* (0.0427)
로그 구매목표 비율	중소기업	0.311 (0.690)	0.288 (0.683)	0.625 (0.767)
	여성기업	-0.503 (2.835)	-0.467 (2.817)	-2.051 (3.293)
	장애인 기업	-5.356 (4.019)	-5.226 (4.034)	-1.423 (2.301)
	사회적 기업	-0.867 (2.323)	-1.136 (2.375)	-0.466 (2.672)
적극적 우대 계약 더미	사회적 조달		-0.751 (0.563)	0.0724 (0.273)
	중소기업 우대		0.882** (0.426)	0.787 (0.577)
긴급공고(=1)		-0.556** (0.223)	-0.564** (0.222)	-0.401* (0.217)
로그 공고일수		-0.194* (0.110)	-0.193* (0.110)	-0.317*** (0.121)
공동수급(=1)		0.00580 (0.166)	0.0470 (0.168)	0.135 (0.149)
입찰계약 방법 (base: 수의)	일반경쟁	-23.00*** (2.113)	-23.00*** (2.110)	-12.88*** (0.695)
	제한/지명 경쟁	-21.95*** (2.151)	-22.32*** (2.138)	-11.88*** (0.694)
낙찰자 결정방법 (base: 최저가)	적격심사/ 종합평가	10.80*** (2.109)	10.76*** (2.107)	0.728 (0.647)
	수의/협상 등	18.84*** (2.221)	18.79*** (2.216)	8.289*** (0.836)
관측치의 수		13,915	13,915	10,249
R^2		0.162	0.162	0.203

주: 1) ( ) 안은 강건(robust) 표준오차.
2) ***$p<0.01$, **$p<0.05$, *$p<0.1$.
3) 모든 모형에 연도와 월 더미, 낙찰자 기업 구분, 수요자 기관 구분, 상수항이 포함되었고, 열(3)에는 기업특성 변수(업력, 로그 자산규모, 부채비율, 대기업집단 소속 여부, 소산업분류 더미)가 포함되었음.

우선, 물품에 대한 조달을 분석한 <표 3-4>를 살펴보자. 여성기업에 대한 구매목표비율이 높아질수록 낙찰률도 상승하는 양의 관계가 모든 모형에서 발견된다. 기술개발제품은 애초에 물품에만 해당되는 것이므로 해당 구매목표비율은 앞의 <표 3-2>에서 이용된 바와 동일하고 낙찰률과 음의 관계를 보여준다. 한편, 용역에 대한 조달을 분석한 결과인 <표 3-5>에서는 구매목표비율과 낙찰률이 유의한 관계를 보여주지 않는다.

기술개발제품이나 여성기업의 경우를 제외하면, 전반적으로 구매목표비율이 낙찰률에 미치는 효과는 유의하지 않은 것으로 파악된다. 이는 사회적 조달의 경우 비효율적 기업이 들어오게 되는 우려가 있으나 전반적으로 입찰 참여를 촉진하여 경쟁이 늘어난 결과일 수 있다. 이러한 측면에서, 이제 낙찰률 대신 입찰 참가자 수에 대해 동일한 회귀분석을 실시한 결과를 보고자 한다.

<표 3-6>과 <표 3-7>은 각각 물품과 용역에 대해 구매목표비율이 입찰 참가자 수에 미치는 영향을 추정한 것이다. 물품에 대한 조달의 경우, 중소기업을 제외하면 여성기업, 장애인기업, 사회적기업, 기술개발제품에 대한 구매목표비율이 상승할 때 입찰 참가자 수가 증가하는 것으로 나타났다. 이는 사회적약자기업이나 혁신제품에 대해 구매목표비율 제도가 조달 참여를 촉진하는 효과를 갖는다는 것을 보여준다. 차별 없이 낙찰자로 선정될 확률이 높아진다는 믿음이 조달 참여로 이어졌을 가능성이 있다. 용역 조달의 경우에도 중소기업을 제외하고 장애인기업이나 사회적기업에 대한 구매목표비율이 높을수록 입찰 참가자 수가 증가하는 관계가 발견되었다. 여성기업의 경우 유의한 관계가 발견되지 않았다.

<표 3-8>과 <표 3-9>는 각각 물품과 용역에 대해 조달 부문별 구매목표비율을 이용하여 <표 3-6> 및 <표 3-7>과 같은 추정을 반복한 결과이다. 물품 조달에서 중소기업의 경우 구매목표비율과 입찰 참가자 수 간 음의 관계가 여전히 발견된다. 사회적기업과 기술개발제품의 경우 구매목표비율이 높을수록 입찰 참가자 수가 증가하는 경향을 보였다. 용역 조달의 경우에는 장애인기업에 대한 구매목표비율 증가가 입찰 참가자 수 증가와 연관되는 것으로 나타났다.

<표 3-6> 구매목표비율이 입찰 참가자 수에 미친 영향 추정 결과 - 물품

변수 (단위)		(1) 기본	(2) + 전략적 조달 더미	(3) + 기업특성
로그 추정가격		-0.0632*** (0.00317)	-0.0356*** (0.00301)	0.00150 (0.00269)
로그 구매목표 비율	중소기업	-0.221*** (0.0325)	-0.194*** (0.0321)	-0.0397 (0.0287)
	여성기업	0.346 (0.240)	0.496** (0.238)	-0.255 (0.225)
	장애인 기업	2.256*** (0.773)	1.604** (0.779)	0.337 (0.730)
	사회적 기업	0.384*** (0.110)	0.438*** (0.109)	0.125 (0.0785)
	기술개발 제품	0.638*** (0.101)	0.609*** (0.0998)	-0.0162 (0.0774)
적극적 우대 계약 더미	사회적 조달		-0.446*** (0.0124)	-0.491*** (0.0570)
	중소기업 우대		0.0511** (0.0231)	0.0517 (0.0683)
	혁신조달		-0.520*** (0.00982)	-0.163*** (0.0168)
긴급공고(=1)		-0.389*** (0.0213)	-0.438*** (0.0213)	-0.161** (0.0629)
로그 공고일수		0.119*** (0.00615)	0.105*** (0.00590)	0.0116 (0.00770)
공동수급(=1)		-0.242*** (0.0184)	-0.317*** (0.0186)	-0.163** (0.0829)
입찰계약 방법 (base: 수의)	일반경쟁	1.155*** (0.0280)	0.901*** (0.0293)	1.252*** (0.104)
	제한/지명 경쟁	1.408*** (0.0245)	1.123*** (0.0267)	1.247*** (0.0774)
낙찰자 결정방법 (base: 최저가)	적격심사/ 종합평가	0.501*** (0.0258)	0.454*** (0.0281)	1.061*** (0.0896)
	수의/협상 등	-0.498*** (0.0174)	-0.479*** (0.0173)	-0.0651 (0.0397)
관측치의 수		77,582	77,582	18,390
R^2		0.481	0.491	0.754

주: 1) ( ) 안은 강건(robust) 표준오차.
2) ***p<0.01, **p<0.05, *p<0.1.
3) 모든 모형에 연도와 월 더미, 낙찰자 기업 구분, 수요자 기관 구분, 상수항이 포함되었고, 열 (3)에는 기업특성 변수(업력, 로그 자산규모, 부채비율, 대기업집단 소속 여부, 소산업분류 더미, 물품 부문은 각종 인증 내역 더미)가 포함되었음.

<표 3-7> 구매목표비율이 입찰 참가자 수에 미친 영향 추정 결과 - 용역

변수 (단위)		(1) 기본	(2) + 전략적 조달 더미	(3) + 기업특성
로그 추정가격		0.0309*** (0.00430)	0.0197*** (0.00433)	0.0298*** (0.00496)
로그 구매목표 비율	중소기업	-0.0718*** (0.0201)	-0.0674*** (0.0202)	-0.0517** (0.0219)
	여성기업	-0.0802 (0.136)	-0.0546 (0.136)	-0.376** (0.154)
	장애인 기업	1.528*** (0.485)	1.473*** (0.484)	1.215*** (0.452)
	사회적 기업	0.251** (0.114)	0.274** (0.115)	0.343*** (0.117)
적극적 우대 계약 더미	사회적 조달		-0.272*** (0.0415)	-0.450*** (0.0725)
	중소기업 우대		-0.124*** (0.0137)	-0.142*** (0.0161)
긴급공고(=1)		-0.0913*** (0.0123)	-0.0972*** (0.0123)	-0.101*** (0.0139)
로그 공고일수		0.0332*** (0.00502)	0.0329*** (0.00502)	0.0722*** (0.00736)
공동수급(=1)		-0.232*** (0.0155)	-0.237*** (0.0156)	-0.170*** (0.0162)
입찰계약 방법 (base: 수의)	일반경쟁	1.592*** (0.0839)	1.588*** (0.0841)	2.599*** (0.248)
	제한/지명 경쟁	1.438*** (0.0853)	1.479*** (0.0855)	2.533*** (0.248)
낙찰자 결정방법 (base: 최저가)	적격심사/ 종합평가	1.938*** (0.0876)	1.955*** (0.0878)	0.466* (0.247)
	수의/협상 등	-0.606*** (0.0840)	-0.591*** (0.0842)	-1.712*** (0.248)
관측치의 수		45,080	45,080	31,820
R^2		0.623	0.624	0.752

주: 1) ( ) 안은 강건(robust) 표준오차.
2) ***p<0.01, **p<0.05, *p<0.1.
3) 모든 모형에 연도와 월 더미, 낙찰자 기업 구분, 수요자 기관 구분, 상수항이 포함되었고, 열 (3)에는 기업특성 변수(업력, 로그 자산규모, 부채비율, 대기업집단 소속 여부, 소산업분류 더미)가 포함되었음.

<표 3-8> 물품 부문 구매목표비율이 입찰 참가자 수에 미친 영향 추정 결과

변수 (단위)		(1) 기본	(2) + 전략적 조달 더미	(3) + 기업특성
로그 추정가격		0.0167*** (0.00445)	0.0264*** (0.00435)	0.00708** (0.00352)
로그 구매목표 비율	중소기업	-0.231*** (0.0452)	-0.232*** (0.0452)	-0.0424 (0.0410)
	여성기업	0.198 (0.260)	0.234 (0.260)	0.240 (0.257)
	장애인 기업	0.526 (0.346)	0.437 (0.346)	-0.540* (0.290)
	사회적 기업	0.350*** (0.135)	0.390*** (0.135)	0.0885 (0.0943)
	기술개발 제품	0.704*** (0.147)	0.735*** (0.147)	-0.111 (0.109)
적극적 우대 계약 더미	사회적 조달		-0.205*** (0.0153)	-0.498*** (0.0720)
	중소기업 우대		0.0906*** (0.0300)	-0.000614 (0.0891)
	혁신조달		-0.213*** (0.0120)	-0.0589*** (0.0180)
긴급공고(=1)		-0.376*** (0.0293)	-0.393*** (0.0293)	-0.234*** (0.0888)
로그 공고일수		0.0285*** (0.00717)	0.0278*** (0.00712)	7.93e-05 (0.00959)
공동수급(=1)		-0.276*** (0.0246)	-0.307*** (0.0249)	-0.296*** (0.113)
입찰계약 방법 (base: 수의)	일반경쟁	1.104*** (0.0355)	1.008*** (0.0377)	1.231*** (0.131)
	제한/지명 경쟁	1.425*** (0.0308)	1.258*** (0.0337)	1.328*** (0.101)
낙찰자 결정방법 (base: 최저가)	적격심사/ 종합평가	0.882*** (0.0320)	0.829*** (0.0349)	1.156*** (0.113)
	수의/협상 등	-0.180*** (0.0208)	-0.184*** (0.0208)	0.0389 (0.0437)
관측치의 수		43,860	43,860	11,063
R^2		0.517	0.519	0.756

주: 1) ( ) 안은 강건(robust) 표준오차.
2) ***p<0.01, **p<0.05, *p<0.1.
3) 모든 모형에 연도와 월 더미, 낙찰자 기업 구분, 수요자 기관 구분, 상수항이 포함되었고, 열 (3)에는 기업특성 변수(업력, 로그 자산규모, 부채비율, 대기업집단 소속 여부, 소산업분류 더미, 물품 부문은 각종 인증 내역 더미)가 포함되었음.

<표 3-9> 용역 부문 구매목표비율이 입찰 참가자 수에 미친 영향 추정 결과

변수 (단위)		(1) 기본	(2) + 전략적 조달 더미	(3) + 기업특성
로그 추정가격		0.0322*** (0.00546)	0.0244*** (0.00553)	0.0558*** (0.00770)
로그 구매목표 비율	중소기업	-0.00766 (0.0268)	-0.00291 (0.0268)	-0.0254 (0.0348)
	여성기업	-0.00840 (0.183)	-0.00556 (0.183)	0.0457 (0.242)
	장애인 기업	0.293** (0.140)	0.291** (0.141)	0.404** (0.184)
	사회적 기업	-0.122 (0.121)	-0.108 (0.121)	-0.154 (0.145)
적극적 우대 계약 더미	사회적 조달		-0.0943*** (0.0299)	-0.130** (0.0542)
	중소기업 우대		-0.0852*** (0.0176)	-0.149*** (0.0231)
긴급공고(=1)		-0.0216 (0.0142)	-0.0251* (0.0143)	-0.0574*** (0.0192)
로그 공고일수		-0.00689 (0.00508)	-0.00705 (0.00509)	0.0194** (0.00918)
공동수급(=1)		0.0195 (0.0182)	0.0142 (0.0182)	-0.00315 (0.0233)
입찰계약 방법 (base: 수의)	일반경쟁	1.675*** (0.103)	1.672*** (0.103)	3.470*** (0.151)
	제한/지명 경쟁	1.537*** (0.104)	1.565*** (0.104)	3.393*** (0.152)
낙찰자 결정방법 (base: 최저가)	적격심사/ 종합평가	1.900*** (0.108)	1.913*** (0.108)	0.259* (0.149)
	수의/협상 등	-0.593*** (0.103)	-0.585*** (0.103)	-2.419*** (0.151)
관측치의 수		25,777	25,777	17,410
R^2		0.640	0.640	0.674

주: 1) ( ) 안은 강건(robust) 표준오차.
2) ***p＜0.01, **p＜0.05, *p＜0.1.
3) 모든 모형에 연도와 월 더미, 낙찰자 기업 구분, 수요자 기관 구분, 상수항이 포함되었고, 열 (3)에는 기업특성 변수(업력, 로그 자산규모, 부채비율, 대기업집단 소속 여부, 소산업분류 더미)가 포함되었음.

제3절 소 결

본 장에서는 사회적 조달이나 혁신을 위한 조달과 같은 전략적 조달의 비용과 효과성에 대한 기존 실증문헌의 결과를 정리하고 우리나라 데이터를 이용한 실증분석을 진행하였다.

기존 문헌에서는 적극적 우대정책의 일환인 사회적 약자에 대한 우대조달이 낙찰률 등 시장 결과에 미치는 영향을 살폈는데, 그 결과가 일관적이지는 않다. 적극적 우대의 결과 낙찰률이 상승하게 되어 조달의 비용이 늘었다는 결과와, 오히려 (기존에 차별받던 효율적) 기업들의 참여를 촉진하여 조달 비용이 감소하였다는 결과가 혼재되어 있다. 기본적으로 특정 사업체를 적극 우대하는 정책은 해당 사업체의 공공조달 참여를 촉진하는 데에는 효과가 있는 것으로 나타나지만, 우대 대상 기업의 성과나 자생력 또는 혁신 노력을 증가시켰다는 증거는 분명하지 않다. 반면, 기존 실증문헌에서는 혁신을 위한 조달의 경우 일반적으로 우대 대상 기업의 성과나 혁신 노력에 긍정적인 영향을 미치는 것을 발견했다.

이론적으로 말하자면 우대정책의 효율성 또는 비용은 우대 대상 기업과 다른 기업 간의 효율성 차이에 중요하게 영향을 받게 된다. 우대정책의 결과 기업들의 입찰 참여 결정이 달라져 경쟁압력이 강화(비용 감소) 또는 약화(비용 상승)될지가 중요하다는 것이다. 다시 말해, 조달 비용 상승 여부는 잠재적 경쟁자의 풀에 따라 달라질 수 있다. 비효율적이라 배제되고 있었던 기업뿐 아니라 효율적인 기업임에도 불구하고 차별받거나 선호되지 못하던 기업의 참여가 증가하는 효과가 크다면, 우대정책의 결과 조달 비용이 감소할 것을 기대할 수 있다.

본 장에서는 목표구매비율제도에 주목하여 전략적 조달이 낙찰률과 입찰 참가자 수에 미친 영향을 간단한 분석을 통해 파악하였다. 우선, 기술개발제품에 대한 구매목표비율 상승은 낙찰률 감소와 입찰 참가자 수 증가로 이어지는 경향이 가장 뚜렷하고 일관적으로 발견되었다. 이는 혁신을 위한 조달의 일환으로 기술개발제품을 우대하는 것이 조달 비용을 상승시키기보다는 능력 있는 기업의 조달시장 참여를 촉진시켜 효율성 측면에서도 긍정적인 효과를 가지고 있음을 함의한다. 반면, 사회적 조달 성격을 띤 우대정책의 경우에는 공고한 결과를 찾지는 못했으나, 전반적으로 낙찰률을 크게 상승시키거나 입찰 참가자 수를 현저히 줄이지는 않는 것으로 판단된다. 다만, 여성기업에 대한 구매목표비율 제도가 낙찰률은 높이되 입찰 참가자 수는 줄이는 경향을 보인 점은 시장에서 소수자에 속하지 않는 일반적 기업에 대한 우대정책은 효율성 측면에서 부정적일 가능성을 보여주는 것이라 해석될 여지가 있다.

제4장

결 론

본고에서는 혁신조달, 사회적 조달 등 전략적 조달 현황과 그 실증적 근거를 살펴보았다. 전 세계적인 흐름과 같이하며 우리나라도 전략적으로 조달을 이용하는 움직임이 강화되고 있다. 정부 입장에서는 어차피 지출해야 하는 조달 비용으로 다른 전략적 목표도 달성할 수 있다는 것이 매력적으로 느껴질 수 있다. 특히 기존에 선호나 통계에 의해 차별받던, 또는 불확실성에 대한 두려움으로 선호되지 못하던 기업이 전략적 조달 정책으로 우대의 대상이 된다면 이들의 성과가 높아질 뿐 아니라 이들의 조달시장 참여로 조달의 효율성 또한 높아지는 긍정적 효과를 기대할 수 있다.

그러나 전략적 목표는 본래의 조달 목표에 부수적인 제한이 더해지는 것으로, 이러한 부수적 목표를 추구하는 과정에서 결과적으로 공공조달의 효율성이 저해될 가능성도 있다. 만약 효율성 저하가 지대하여 이러한 비용이 전략적 목표를 달성하기 위한 직접적 지출보다 커진다면 전략적 조달의 취지에 부합한다고 보기 어렵다.

사회적 약자에 대한 적극적 우대정책의 일환으로 이용하는 공공조달의 규모가 크고 그 쓰임에 대한 논쟁이 많은 데 비해, 비용과 효과에 대한 연구는 상대적으로 드물다. 정책 수립 시 전략적 조달의 비용(또는 부작용)은 반드시 고려해 봐야 할 사항이지만, 이와 관련한 실증문헌이 많지 않을 뿐더러, 특히 우리나라에 대한 연구는 찾기 어렵다.

본고에서는 전략적 조달의 효율성과 관련하여 우선구매제도의 대표적 형태인 구매목표비율제도에 집중하여 해당 제도가 낙찰률에 미치는 효과를 통해 전략적 조달의 비용을 가늠해 보았다.

구체적으로, 우리나라의 조달 데이터를 활용하여 구매목표비율 제고가 낙찰률과 입찰 참가자 수에 미치는 영향을 분석하였다. 사회적 조달과는 달리, 기술개발제품에 대한 구매목표제도를 통해 낙찰률이 감소하고 입찰 참가자 수는 증가하는 긍정적 측면이 일관적으로 발견되었다. 한편, 사회적 약자에 대한 우대정책은 전반적인 비용 상승을 이끄는 것으로 판단되지는 않았으나, 여성기업의 경우 조달의 효율성 측면에서 부정적 효과가 있을 가능성을 확인하였다.

마지막으로, 본고에서는 우대 대상이 된 기업이나 제품의 차후 성과나 자생력, 혁신 노력에 대한 실증분석은 진행하지 않아 전략적 조달의 효과성을 보기에 한계가 있다. 향후 이러한 분석을 통해 조달의 효율성과는 별도로 실제로 우대 대상이 되는 기업에 우대정책이 긍정적 영향을 미칠 수 있는지를 살피는 것이 전략적 조달에 대한 보다 완전한 그림을 그리는 데 필요할 것이다.

참고문헌

강희우, 「공공조달시장 내 기술개발제품 구매행태와 시사점」, KIPF 재정포럼, 2019.

고용노동부, 『사회적기업 제품 우선구매지침』, 2022. 1.

______, 「사회적기업 제품 우선구매 실적 및 계획」, 사전정보 공표목록, 2013~2021.

기획재정부, 『2021년 경영평가편람(수정)』, 2022.

김유빈・김병건・노용환, 「중소기업기술개발제품 우선구매제도 고용영향평가 연구」, 한국노동연구원/고용노동부 고용영향평가사업, 2015.

김유정・김영산, 「공공조달 참여가 중소기업의 경영성과에 미치는 영향」, 『산업조직연구』, 25(4), 2017, pp.1~42.

대한민국 정책브리핑, 「시범구매제도, 중기제품의 공공조달시장 진출 마중물 역할 톡톡」, 2021. 2. 2.

『매일경제』, 「기술기업 울리는 허점투성이 '신제품인증(NEP)' 공공기관 의무구매 20%... 실상은 '나몰라라'」, 2020. 10. 19.

박정호, 「기업의 혁신성과에 대한 혁신공공구매(PPI)의 효과」, 『과학기술정책』, 3(1), 2020, pp.5~32.

박충렬, 「중소기업제품 우선구매제도 현황과 개선방안」, 이슈와 논점 제1911호, 2021. 12.

이미정・우영진・권정인・엄서연・오승수, 『미국 공공조달시장 진출 전략 보고서』, KOTRA자료 21-119, 2021.

이민철・정태현, 「공공조달 성과가 중소기업의 성장에 미치는 영향」, 『중소기업연구』, 40(4), 2018, pp.33~50.

이민철・정태현, 「공공조달 참여와 기업성장_기업연령의 조절효과를 중심으로」, 『기술혁신연구』, 29(3), 2021, pp.91~119.

일자리위원회 관계부처 합동, 「사회적경제 활성화 방안」, 2017. 10.

조가원・정장훈・김민정・김주희・남대일・박다인, 『한국기업혁신조사의 동향과 활용』, 조사연구 2015-11, 2015.

중소벤처기업부, 「여성기업 277만개로 역대 최대 및 생산성 등 경영지표 개선-

2021년 여성기업 실태조사 결과 발표」, 보도자료, 2022. 3. 14.

최종화・이광호・서지영・김선지・이상훈・김병건, 『기술혁신형 중소기업 육성을 위한 공공구매제도 개선방안』, 정책연구 2014-09, 과학기술정책연구원, 2014.

Aschhoff, Birgit and Wolfgang S`ofka, "Innovation on demand – Can Public Procurement Drive Market Success of Innovations?" *Research Policy*, 38(8), 2009, pp.1235~1247.

Athey, Susan, Dominic Coey and Jonathan Levin, "Set-Asides and Subsidies in Auctions," *American Economic Journal: Microeconomics*, 5(1), 2013, pp.1~27.

Bates, Timothy and Darrell Williams, "Do preferential procurement programs benefit minority business?" *American Economic Review*, 86(2), 1996, pp.294~297.

Brannman, Lance and Luke. M. Froeb, "Mergers, Cartels, Set-Asides, and Bidding Preferences in Asymmetric Oral Auctions," *The Review of Economics and Statistics*, 82(2), 2000, pp.283~290.

Blanchflower, David G. and Jon Wainwright, "An Analysis of the Impact of Affirmative Action Programs on Self-Employment in the Construction Industry," NBER Working Paper no. 11793, 2005.

Brammer, Stephen and Helen Walker, "Sustainable Procurement in the Public Sector: An International Comparative Study," *International Journal of Operations & Production Management*, 31(4), 2011, pp.452~476.

Chatterji, Aaron K., Kenneth Y. Chay, and Robert W. Fairlie, "The Impact of City Contracting Set-Asides on Black Self-Employment and Employment," *Journal of Labor Economics*, 32(3), 2014, pp.507~561.

Czarnitzki, Dirk, Paul Hünermund, and Nima Moshgbar, "Public Procurement As Policy Instrument for Innovation," ZEW - Centre for European Economic Research Discussion Paper No. 18-001, 2018.

De Silva, Dakshina G., Timothy Dunne, Georgia Kosmopoulou, and Carlos Lamarche, "Disadvantaged Business Enterprise Goals in Government Procurement Contracting: An Analysis of Bidding Behavior and Costs," *International Journal of Industrial Organization*, 30(4), 2012, pp.377~388.

Denes, Thomas A., "Do Small Business Set-Asides Increase the Cost of Government Contracting?" *Public Administration Review*, 57(5), 1997, pp.441~444.

Divella, Marialuisa and Alessandro Sterlacchini, "Public Procurement for Innovation:

Firm-Level Evidence from Italy and Norway," *Industrial and Corporate Change*, 29(6), 2020, pp.1505~1520.

Douglas, David, Dragana Radicic and Geoffrey T. Pugh, "The Effectiveness of Public Procurement in Stimulating Innovation Outputs – Empirical Evidence from European Firms," *Academy of Management Annual Meeting Proceedings*, 2017(1), 2017, 12854.

European Commission, "Making Socially Responsible Public Procurement Work: 71 Good Practice Cases," 2020. 6. 4.

Guerzoni, Marco and Emilio Raiteri, "Demand-Side vs. Supply-Side Technology Policies – Hidden Treatment and New Empirical Evidence on the Policy Mix," *Research Policy*, 44(3), 2015, pp.726~747.

Fairlie, Robert W. and Justin Marion, "Affirmative Action Programs and Business Ownership Among Minorities and Women," *Small Business, Economics*, 39(2), 2012, pp.319~339.

Jehiel, Philippe and Laurent Lamy, "On the Benefits of Set-Asides," *Journal of the European Economic Association*, 18(4), 2020, pp.1655~1696.

Holzer, Harry and David Neumark, "Assessing Affirmative Action," *Journal of Economic Literature*, 38(3), 2000, pp.483~568.

Krasnokutskaya, Elena and Katja Seim, "Bid Preference Programs and Participation in Highway Procurement Auctions," *American Economic Review*, 101(6), 2011, pp.2653~2686.

Leiser, Mirjam Strpler and Stefan C. Wolter, "Empirical Evidence on the Effectiveness of Social Public Procurement Policy: The Case of the Swiss Apprenticeship Training Sytem," *Labour*, 31(2), 2017, pp.204~222.

Marion, Justin, "Are Bid Preferences Benign? The Effect of Small Business Subsidies in Highway Procurement Auctions," *Journal of Public Economics*, 91(7-8), 2007, pp.1591~1624.

______, "How Costly Is Affirmative Action? Government Contracting and California's Proposition 209," *Review of Economic Statistics*, 91(3), 2009, pp.503~522.

______, "Affirmative Action and the Utilization of Minority and Women-Owned Businesses in Highway Procurement," *Economic Inquiry*, 43(3), 2011, pp.899~915.

Mcafee, Randolph and John Mcmillan, "Government Procurement and International

Trade," *Journal of International Economics*, 26(3-4), 1989, pp.291~308.

McCrudden, Christopher, "Using Public Procurement to Achieve Social Outcomes," *Natural Resources Forum*, 28(4), 2004, pp.257~267.

Nakabayashi, Jun, "Small Business Set-Asides in Procurement Auctions: An Empirical Analysis," *Journal of Public Economics*, 100(C), 2013, pp.28~44.

Saussier, Stephane and Louise Vidal, "The Cost of Social Public Procurement for Governments the Case of Paris City," Working Paper, Sorbonne Business School. 2021.

Slavtchev, Viktor and Simon Wiederhold, "Does the Technological Content of Government Demand Matter for Private R&D? Evidence from US States," *American Economic Journal: Macroeconomics*, 8(2). 2016.

<웹사이트 및 자료>

공공구매종합정보(https://www.smpp.go.kr, 접속일: 2022. 3. 15).

고용노동부 사회적기업 목록(사회적기업포털, https://www.seis.or.kr, 접속일: 2022. 3. 15).

한국사회적기업진흥원_사회적기업정보(공공데이터포털, https://data.go.kr, 접속일: 2022. 3. 15).

조달정보개방포털(http://data.g2b.go.kr:, 접속일: 2022. 3. 15).

조달청 업무안내 주요정책의 우수제품(https://www.globalkoreamarket.go.kr:8843/kor/jsp/business/main_policy/gp_system.pps, 접속일: 2022. 3. 15).

조달청 구매사업 주요통계 우수조달물품 현황(https://green.pps.go.kr/kor/content.do?key=00164#none, 접속일: 2022. 3. 15).

중소벤처기업부 웹사이트(https://www.mss.go.kr/, 접속일: 2022. 3. 15).

한국기업데이터(KED).

한국기업혁신조사 홈페이지(https://www.stepi.re.kr/kis/service/sub01_info.do, 접속일: 2022. 3. 11).

한국산업기술진흥협회(https://www.koita.or.kr/, 접속일: 2022. 3. 15).

한국은행, 「국민소득(명목)」.

혁신조달 종합포털(https://ppi.g2b.go.kr:8914/ad/pt/prptSystemInfrmtnPage.do, 접속일: 2022. 3. 15).

e-store36.5(https://www.sepp.or.kr, 접속일: 2022. 3. 15).

부 록

<부표 1> 주요 제품별 법정 의무구매비율 현황

구분	법정 의무구매비율	근거법률	시행일자
중소기업제품	③ 제1항에 따른 중소기업제품 구매목표비율은 해당 기관이 해당 연도에 구매할 제품의 구매 총액 대비 50퍼센트 이상으로 하여야 한다. 다만, 공공기관의 특성상 중소기업제품 구매비율을 50퍼센트 이상 달성하기 어려운 공공기관의 장은 중소벤처기업부 장관과 협의하여 구매목표비율을 따로 정할 수 있다.	중소기업제품 구매촉진 및 판로지원에 관한 법률(판로지원법) 시행령 제4조	2009.11.22. (2009.11.20. 제정)
기술개발제품	② 중소기업청장은 법 제13조 제2항에 따라 공공기관에 대하여 우선구매 대상 기술개발제품의 구매목표비율을 중소기업물품 구매액의 10퍼센트 이상으로 하도록 요구할 수 있다. 이 경우 공공기관의 사업목적상 또는 물품구매의 특성상 그 비율을 10퍼센트 이상으로 하기 어려운 공공기관의 장은 중소기업청장과 협의하여 구매목표비율을 따로 정할 수 있다. → 권장(O), 의무(X)	중소기업제품 구매촉진 및 판로지원에 관한 법률 (판로지원법) 시행령 제12조 (기술개발제품 등에 대한 우선구매)	2009.11.22. (2009.11.20. 제정)
	2.③ 제2항에 따른 우선구매대상 기술개발제품의 구매목표비율은 중소기업물품 구매액의 10퍼센트 이상으로 하여야 한다. 다만, 공공기관의 사업목적상 또는 물품구매의 특성상 그 비율을 10퍼센트 이상으로 하기 어려운 공공기관의 장은 중소벤처기업부 장관과 협의하여 구매목표비율을 따로 정할 수 있다. → 권장(X), 의무(O)		2016.1.12.
	2.③ 제2항에 따른 우선구매대상 기술개발제품의 구매목표비율은 중소기업물품 구매액의 15퍼센트 이상으로 해야 한다. 다만, 공공기관의 사업목적상 또는 물품구매의 특성상 그 비율을 15퍼센트 이상으로 하기 어려운 공공기관의 장은 중소벤처기업부 장관과 협의하여 구매목표비율을 따로 정할 수 있다.		2020.2.18.
인증신제품	법 제17조 제1항에 따라 공공기관은 구매하려는 품목에 인증신제품이 있는 경우에는 그 품목의 구매액 중 100분의 20 이상을 인증신제품으로 구매하여야 한다.	산업기술혁신 촉진법 시행령 제24조 (인증신제품 의무구매의 비율)	2006.10.29.

<부표 1>의 계속

구분	법정 의무구매비율	근거법률	시행일자
인증 신제품	① 법 제17조 제2항 본문에서 "해당 품목의 구매액 중 대통령령으로 정하는 일정 비율"이란 해당 품목(「물품목록정보의 관리 및 이용에 관한 법률 시행령」 제9조에 따라 인증신제품에 부여된 물품분류번호 및 제품규격이 같은 품목을 말한다)의 구매액의 100분의 20을 말한다.	산업기술혁신촉진법 시행령 제23조 (인증신제품 의무구매의 비율)	2011.11.25.
여성 기업 제품	① 법 제9조 제3항 본문에서 "대통령령으로 정하는 비율"이란 「중소기업제품 구매촉진 및 판로지원에 관한 법률」 제4조에 따른 물품 및 용역의 경우는 각 구매 총액의 5퍼센트, 공사의 경우는 공사 구매 총액의 3퍼센트를 말한다. 다만, 공공기관의 특성상 본문에서 정한 비율 이상의 구매목표를 제시하기 어려운 공공기관의 장은 중소기업청장과 협의하여 구매목표비율을 따로 정할 수 있다.	여성기업 지원에 관한 법률(여성기업법) 시행령 제7조 (여성기업제품의 구매증대)	2009.11.21. (2014년부터 의무 규정)
장애인 기업 제품	장애인기업제품 권장구매율 0.45퍼센트 이상	중소기업청고시	2011
	법 제9조의2 제3항에서 "대통령령으로 정하는 비율"이란 해당 기관이 해당 연도에 구매할 제품의 구매 총액의 100분의 1을 말한다. 다만, 공공기관의 특성상 구매비율을 100분의 1 이상 달성하기 어려운 공공기관의 장은 중소벤처기업부 장관과 협의하여 구매비율을 따로 정할 수 있다. → 권장(X), 의무(O)	장애인기업활동촉진법 (장애인기업법) 시행령 제7조의2 (공공기관의 우선 구매비율)	2016.7.28. (본조 신설 2016.7.26); 적용은 2017년부터
장애인 생산품	① 보건복지부 장관은 법 제40조 제1항에 의하여 다음 각호의 1에 해당하는 물품 및 물량의 범위 안에서 국가 등이 장애인복지시설 또는 장애인복지단체로부터 구매하여야 할 물품의 품목 및 물량을 정하여 고시하여야 한다. 이 경우 다음 각호의 1의 백분율은 금액을 기준으로 하여 국가 등이 당해연도에 구매하는 해당 품목의 총구매물량에서 차지하는 비율을 말한다. 1. 행정봉투: 100분의 2 이상 2. 복사용지: 100분의 2 이상 3. 재생화장지: 100분의 10 이상 4. 칫솔: 100분의 20 이상 5. 면장갑: 100분의 20 이상 6. 쓰레기분리수거용 합성수지(PE) 봉투: 100분의 20 이상	장애인복지법 시행령 제23조 (생산품 구매 등)	2000.1.1.~ 2004.12.2.
	① 보건복지부 장관은 법 제40조 제1항의 규정에 의하여 별표 2의2에 해당하는 물품 및 물량의 범위 안에서 국가 등이 장애인복지시설 또는 장애인복지단체로부터 구매하여야 할 물품(이하 "우선구매대상물품"이라 한다)의 품목 및 물량을 정하여 고시하여야 한다. 이 경우 별표 2의2의 규정에 의한 우선구매비율은 금액을 기준으로 하여 국가 등이 당해 연도에 구매하는 해당품목의 총구매물량에서 차지하는 비율을 말한다.	장애인복지법 시행령 제23조 (생산품 구매 등) 및 별표 2의2 (장애인생산품 우선구매물품 및 비율)	2004.12.3.~ 2007.10.14.

<부표 1>의 계속

구분	법정 의무구매비율	근거법률	시행일자
장애인 생산품	별표 2의2. 아래 우선구매품목 중 (3)은 우선구매비율 100분의 10 이상 적용, (4),(5),(6)은 우선구매비율 100분의 20 이상 적용, 그 외 나머지 품목에 대해서는 모두 우선구매비율 100분의 5 이상 적용 (1) 사무용 양식, (2) 사무용지류, (3) 화장용 종이류, (4) 칫솔, (5) 장갑 및 피복 부속물, (6) 포대, (7) 피복류, (8) 가구류, (9) 전자・정보 장비, (10) 가정용 실비물, (11) 사무용 소모품, (12) 서적, 그밖의 잡종 인쇄물, (13) 현수막, (14) 종이컵, (15) 상자, (16) 신발류, (17) 식료품.	장애인복지법 시행령 제23조 (생산품 구매 등) 및 별표 2의2 (장애인생산품 우선구매물품 및 비율)	2004.12.3.~ 2007.10.14.
	① 보건복지부 장관은 법 제44조 제1항에 따라 별표 3에 해당하는 물품 및 물량의 범위에서 국가 등이 장애인복지시설이나 장애인복지단체로부터 구매하여야 할 물품(이하 “우선구매대상물품”이라 한다)의 품목 및 물량을 정하여 고시하여야 한다. 이 경우 별표 3에 따른 우선구매비율은 우선구매에 드는 금액이 국가 등이 해당 연도에 구매하는 해당 품목의 총구매물량에서 차지하는 비율을 말한다. *별표3. (1)-(17) 물품에 대해서는 기존과 동일한 법령 적용. 우선구매비율 100분의 5 이상 적용되는 항목 하나 추가됨; (18) 화훼 및 농산물.	장애인복지법 시행령 제23조 또는 제28조 (생산품 구매 등) 및 별표 2의2 또는 별표 3 (장애인생산품 우선구매물품 및 비율)	2007.10.15. ~2012.5.13) (2012.7.24. 삭제)
중증 장애인 생산품[3]	② 제1항 제1호에 따른 중증장애인생산품 구매목표비율은 공공기관별 총구매액(제품과 노무용역 등의 서비스에 대한 총구매액을 말하되, 공사는 제외한다)의 100분의 1 이상이 되어야 한다. 다만, 공공기관의 특성을 고려하여 총구매액에 포함되는 제품과 노무용역 등의 서비스의 범위는 보건복지부 장관과 협의하여 달리 정할 수 있다.	중증장애인생산품 우선구매 특별법 시행령 제10조 (중증장애인생산품 구매계획의 작성 등)	2008.9.22.~ 2016.1.11.
	③ 제1항 후단에 따른 중증장애인생산품 구매목표비율은 공공기관별 총구매액(제품과 노무용역 등의 서비스에 대한 총구매액을 말하되, 공사는 제외한다)의 100분의 1 이상(100분의 1을 초과하여 해당 지방자치단체의 조례로 정하는 비율이 있으면 그 비율을 말한다)이 되어야 한다. 다만, 공공기관의 특성을 고려하여 총구매액에 포함되는 제품과 노무용역 등의 서비스 범위는 보건복지부 장관과 협의하여 달리 정할 수 있다.		2016.1.12.
창업 기업 제품	① 공공기관의 장은 법 제5조의2 제2항에 따라 창업기업제품 구매계획을 작성하는 경우에 8퍼센트 이상의 구매목표를 포함시켜야 한다. 다만, 구매목표를 8퍼센트 이상으로 정하기 어려운 경우에는 중소벤처기업부 장관과 협의하여 구매목표를 달리 정할 수 있다.	중소기업창업 지원법 시행령 제5조의8 (창업기업제품의 구매목표)	2020.10.8. (본조 신설 2020.10.8)

■ ABSTRACT

A Study on Strategic Procurement

Hwa Ryung Lee and Sunjoo Hwang

Around the world, public procurement is increasingly being designed to serve broader social objectives — such as supporting disadvantaged groups or promoting innovation — alongside its traditional economic goals. This trend is also gaining momentum in Korea. In this paper, we refer to the use of procurement to achieve these secondary aims as "strategic public procurement" and explore its potential benefits and costs. Specifically, we conduct an empirical analysis of strategic procurement practices that prioritize certain companies or products, with a focus on Korea's purchase target ratio system. Our findings suggest that procurement aimed at fostering innovation can be economically effective, whereas evidence supporting procurement targeted at disadvantaged groups is less consistent.

KDI 신간안내

RECENT KDI PUBLICATION

북한의 시장가격체계 분석과 정책적 시사점

이석 · 남진욱 · 최지영

연구보고서 | 216쪽 | 정가 7,000원

북한의 시장가격에 대한 연구를 새롭게 조명하기 위해 북한의 시장가격과 이에 대한 외부세계의 관측치 자체에 대한 본격적 논의를 시작으로 하여, 북한의 상품가격 결정 메커니즘을 분석하고, 더욱 나아가 이제까지 제대로 태클되지 않은 북한의 시장서비스가격에 대한 경제학적 분석을 시도하였다.

고령화 시대의 인플레이션 동학과 통화정책: 소비패턴을 중심으로

마창석

정책연구시리즈 | 64쪽 | 정가 4,000원

인구 고령화와 같은 장기적 구조 변화가 통화정책의 효과에 어떤 방식으로 영향을 미치는지 실증적으로 분석하고자 하였다. 분석 결과, 고령 인구의 비중이 높아질수록 금리 변화에 따른 물가 반응이 더 민감하게 나타나는 것으로 확인되었다. 즉, 고령화로 인해 통화정책이 실질소비에 미치는 효과성이 약화될 가능성이 있으므로 연령대별 인플레이션 반응 차이를 고려한 정책적 대응 마련이 필요한 것으로 나타났다.

온라인 플랫폼의 경쟁제한적 행위에 대한 연구: 앱마켓을 중심으로

김민정

정책연구시리즈 | 64쪽 | 정가 4,000원

주요국의 규율 동향을 검토하여 앱마켓 플랫폼의 주요한 경쟁제한적 행위들을 도출하고, 특히 앱마켓 플랫폼이 자체 앱마켓에 진입하는 것과 관련된 문제를 심도 있게 다루고자 하였다. 실증분석 결과, 앱마켓 플랫폼의 진입이 시장에 오히려 긍정적인 효과를 가질 수도 있는바 자사상품 판매 자체를 금지하는 것은 바람직하지 않으며, 자사상품 판매를 자사우대 행위와는 분명히 구분지어서 다룰 필요가 있는 것으로 나타났다.

국채 투자자 구성과 재정위기의 관계에 대한 연구

양주영

정책연구시리즈 | 83쪽 | 정가 4,000원

코로나19 팬데믹을 거치며 증가한 국가 부채가 국내외 금융시장에서 어떻게 소화되었는지를 국가별 비교를 통해 살펴보았다. 또한 우리나라 국채 투자자별 한계 국채 보유를 계산하고, 선행연구를 바탕으로 투자자별 국채수요의 탄력성을 추정하였다. 분석 결과, 부채 이자율을 낮추기 위해서는 외국인 투자자와 같이 수요탄력성이 높은 부문을 중심으로 국채 투자자 구성을 조정할 필요가 있는 것으로 나타났다.

수요・공급의 불확실성과 전력시장 세분화

윤여창

정책연구시리즈 | 74쪽 | 정가 4,000원

재생에너지 비중이 확대되고 변동성이 높아지는 상황에서 국내 전력시장의 구조적 한계를 극복하기 위한 방안으로 용량시장 도입과 발전원별 세분화 전략을 중점적으로 분석하였다. 재생에너지와 에너지저장장치 그리고 화력・원자력 등 기존 발전원 간의 상호작용을 이론 모형으로 구성하여 균형 분석을 수행함으로써, 기능별・발전원별 세분화가 전력시장에 미치는 영향을 구체적으로 검토하였다.

통근통행 분석을 통한 대도시권 메가시티 교통정책에 관한 연구

김강수

정책연구시리즈 | 134쪽 | 정가 5,000원

메가시티 구축을 위해 통근통행이 연계되어 있는 우리나라의 메가시티 권역을 제시하고, 기존 지방 대도시 권역의 분할 또는 확장의 필요성, 추가적인 대도시 권역 설정의 필요성을 제기하였다. 메가시티 구축을 위한 정책 제안으로는 광역교통개선대책 수립 대상 범위 및 교통시설 부담금 부과 대상 확대, 실효성 있는 철도 역세권 개발사업 추진 그리고 효율적인 교통사업 추진을 위한 통합 거버넌스 구축을 제안하였다.

플랫폼의 거래상 지위에 관한 연구

조성익

정책연구시리즈 | 112쪽 | 정가 5,000원

플랫폼 사업의 특성을 살펴보면서 플랫폼 기업의 거래상 지위가 전통기업의 거래상 지위와 어떻게 구별되는지 확인하고, 이론 모형을 구축하여 전통기업 대비 플랫폼 기업이 거래상 지위를 어떻게 더 쉽게 또는 더 어렵게 획득하는지, 그리고 그 지위를 남용할 유인이 강해지는지 또는 약해지는지 확인하였다. 또한 실제 사례를 살펴보며 거래상 지위 남용행위 사건 처리 과정상의 쟁점을 정리하였다.

정책연구시리즈 2022-14

공공조달의 전략적 이용에 관한 연구

인 쇄 2022년 5월 28일
발 행 2022년 5월 31일

저 자 이화령 · 황순주
발행인 홍장표
발행처 한국개발연구원
등 록 1975년 5월 23일 제6-0004호
주 소 세종특별자치시 남세종로 263
전 화 (044) 550-4114
팩 스 (044) 550-4310

ISBN 979-11-7566-034-2

값 4,000원